中共兰州市七里河区委党史办公室　编

甘肃人民出版社

图书在版编目（C I P）数据

王学礼传 / 中共兰州市七里河区委党史办公室编
. -- 兰州 ：甘肃人民出版社，2019.6（2024.1重印）
ISBN 978-7-226-05456-7

Ⅰ. ①王… Ⅱ. ①中… Ⅲ. ①王学礼（1916—1949）
—传记 Ⅳ. ①K825.2

中国版本图书馆CIP数据核字(2019)第104767号

责任编辑：王建华
封面设计：雷们起

王学礼传

中共兰州市七里河区委党史办公室　编

甘肃人民出版社出版发行

（730030　兰州市读者大道568号）

河北浩润印刷有限公司印刷

开本 710毫米×1020毫米　1/16　印张 14.5　插页 8　字数 170 千

2019年7月第1版　　2024年1月第4次印刷

印数：10501~12500

ISBN 978-7-226-05456-7　　定价：58.00元

《王学礼传》编委会

人民英雄永载史册、
发扬革命传统、建设美
好家园、

何志瑛
2018年4月26日

王学礼（1916.10—1949.8）

1937 年 1 月，中国人民抗日军事政治大学第二期学员合影，第 1 排右 2 为王学礼

1935—1942 年，王学礼用的公文包

1944年，王学礼与妻子苏维仁、大儿子王进贤、二儿子王盐池（1945年因病夭折）在盐池县留影

1944年秋，王学礼在神木王家庄与亲属合影。前排左起：堂弟王学会、王学礼、外甥王新考（王学礼怀中）、堂弟王学均；后排左起：大妹王改梅、母亲王活鸡、父亲王恩茂、大娘张氏、大伯王恩怀

1949年12月，王学礼亲人及战友到兰州接王学礼棺木。左起：王学礼战友温亮忠、堂弟王学均、大女儿苏延铭、妻子苏维仁、二女儿苏泾铭（苏维仁怀中）、堂弟王文斌

1949 年，中国人民解放军第四军，中共临洮县委、县政委授予王学礼“人民英雄”荣誉称号

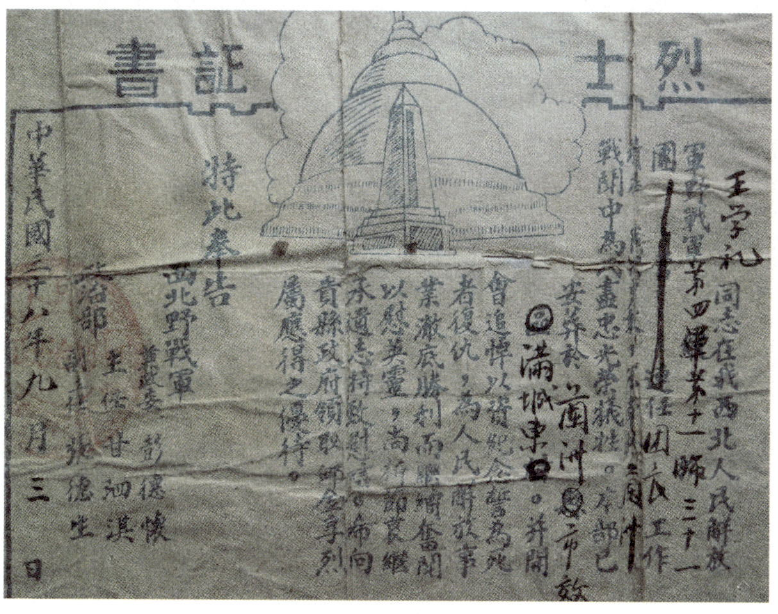

烈士證書

王学礼同志在我西北人民解放軍野戰軍第四軍第十一師三十一團任团长工作戰鬭中為人民盡忠光榮犧牲。本部已安葬於蘭州市效滿城東。并開會追悼以資紀念誓為死者復仇，為人民解放事業澈底勝利而繼續奮鬭，以慰英靈，尚祈節哀繼承遺志，特致慰唁。希向貴縣政府領取卹金，享烈屬應得之優待。

特此奉告

西北野戰軍

司令員 彭德懷

政治部 主任 甘泗淇

副主任 張德生

中華民國三十八年九月三日

王学礼的烈士证书

王学礼烈士墓地——神木县王家庄（1950 年立）

1965 年，在神木王家庄合影。左起王学礼儿媳冯翻秀、母亲王活鸡、孙女王翠玉、父亲王恩茂

王学礼戴过的手表，由苏维仁留存

2015 年 8 月，苏维仁晚年在家中留影（现居北京）

2015 年 3 月 31 日，沈家岭红色教育基地揭牌，原甘肃省军区副司令何志瑛参加活动

2018 年 4 月 26 日，何志瑛为《王学礼传》题词

《沈家岭战斗》之歌谱写于 1949 年。作词：梁继承；作曲：张星点

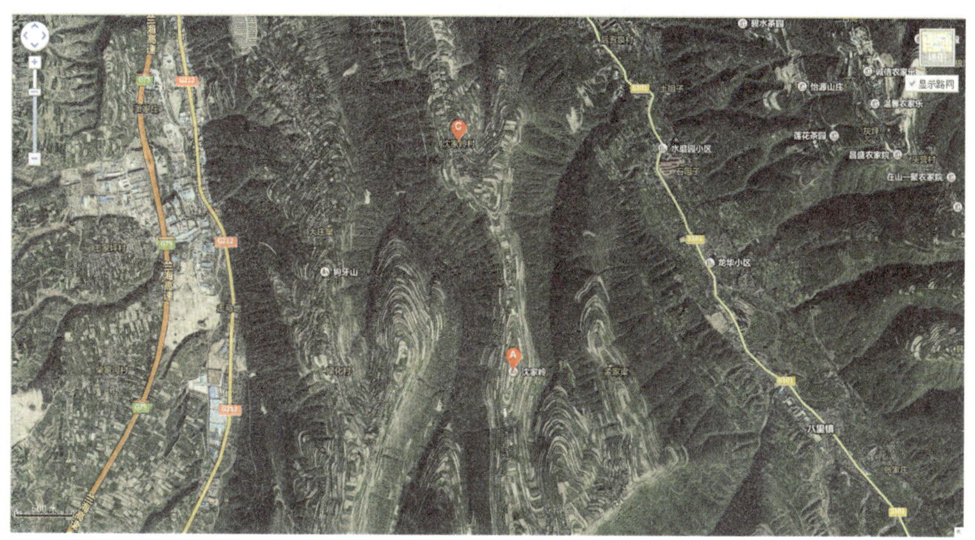

沈家岭葫芦地形卫星定位图

序

从秦汉时期的边塞之地，到隋唐时期的内陆古道，宋代时与西夏的交界线，进而到明清以后国家陆域腹地，2000 多年来，地处甘肃省会兰州市中南部的七里河这片热土，都因其特殊的地理位置，为稳定西北、屏障中原发挥了巨大作用。因此，历代兰州七里河的战事不断，狼烟滚滚。1949 年 8 月兰州战役主战场之一，就在七里河辖区内的沈家岭和狗牙山。尤其是沈家岭战斗，是兰州战役中最为关键、最为惨烈的攻坚战，对于解放兰州起到了决定性作用。这里的每一寸土地，都洒下了中国人民解放军第一野战军指战员的鲜血和汗水。人民英雄王学礼在兰州战役沈家岭战斗中冲锋陷阵，血染黄土地，献出了年轻的生命。

中华民族 5000 年的历史铸就了绚烂多彩的中华文化，凝聚了中华民族的伟大智慧和思想光芒，在历史的发展过程中犹如一盏明灯，点亮了我们前进的道路。特别是红色文化和革命传统，具有深厚的社会实践基础，在革命战争中起到了极其重要的作用，是引领中国革命走向胜利的宝贵精神财富。在社会主义现代化建设中，红色革命精神更是如同一把火炬，照亮中华民族前进的伟大征程。

习近平总书记说："一个有希望的民族不能没有英雄，一个有前途的国家不能没有先锋。"自中国共产党建党伊始，无以数计的革命先烈为党、为新中国作出了巨大的贡献与牺牲，他们奉献了自己的青春年华，甚至是宝贵的生命，谱写了一曲曲赤胆忠心、视死如归的壮丽凯歌。红色基因是我们的信仰根基、精神之源，让党的事业薪火相传、血脉永续。时光荏苒，几十年弹指一挥间，我们怎能忘记那一段可歌可泣的悲壮历史！我们怎能忘记在保卫国家、争取民族自由和独立的战斗中牺牲的无数革命英烈！我们要铭记为中华民族和中国人民解放事业作出贡献的英烈们。我们的血脉中流淌着红色基因，无论是战火纷飞的革命年代，艰苦创业的建设时期，还是今天波澜壮阔的新时代改革大潮中，坚持共产主义理想信念，弘扬不畏牺牲的英雄主义精神永远是我们这个时代的主旋律。实现中华民族伟大复兴，需要继承先烈遗志，传承革命精神。今天，中国正在发生日新月异的变化，我们比历史上任何时期都更加接近实现中华民族伟大复兴的目标。实现我们的目标，需要彰显英雄烈士的精神。

传承历史，让人们牢记历史，感悟中国革命不平凡的伟大历程。在本书编委会的策划下，由区委党史办公室组织带领本书作者收集了大量的文献和珍贵图片，反复征询各方面的意见，几易其稿，终于完成了《王学礼传》的撰写。本书生动再现了王学礼烈士追求光明、立志革命，赤胆忠心、可歌可泣的光辉一生，字里行间无不浸透着对革命烈士的崇敬之情。该书既有史料性和可读性，又具有缅怀革命先烈，弘扬光荣传统，以史资政，激励后人的教化价值。在即将付梓之时，我诚挚祝贺这本英烈传的出版。

是为序。

中共兰州市七里河区委书记　魏晋文

2018年11月8日

目　录

引　子

地处中原汉族和北方少数民族融合前沿的陕西神木[1]，在四五千年以前，已有人类定居。历史上一直是守卫中原、抗击外夷的边关前哨，素为“南卫关中，北屏河套，左扼晋阳之险，右持灵夏之冲”的塞上重地。清道光年间的《神木县志》记载：“县东北杨家城，即古麟州城，相传城外东南约40步，有松树3株，大可两三人合抱，为唐代旧物，人称神木。金以名寨，元以名县，明代尚有遗迹。”

《神木县大事记》载：1916年“神木县境大旱成灾，匪患四起。土匪卢占奎进犯神木高家堡，入城后杀死居民180余人，烧毁房屋100余间，财物衣服抢劫一空。不久，向绥远境内窜回。”陕西神木的乡间豪绅，组织民团修筑寨堡，贫苦农民负担不断加重。在这兵荒马乱、动荡不安、民不聊生的年月里，王学礼就出生在县城南部乡村王家庄（现神木市沙峁镇王家庄）一个世居的贫苦农民家庭。时间是1916年10月11日。

在距离王家庄数公里有窟野河[2]、秃尾河[3]流经深涧峡谷，蜿蜒注入黄河。沿河两岸地形狭窄，基岩裸露，直立陡峭，石多土薄，山顶上覆盖着一层薄薄的红黏土为农耕地。远离河流的王家庄，像黄土高原上无数个村庄一样，数千年的雨水把黄土塬冲刷出支离破碎的梁、峁、沟、壑，形成连绵起伏的丘陵地貌。站在山峰四望，峰岭交织，莽原逶迤，王家庄坐落在一条梁峁上，形似一个展翅欲飞的凤凰，当地人叫凤凰岭。

相传王家庄人是从山西洪洞大槐树下迁徙过来的，先祖繁衍生息的地方是富饶辽阔的晋中平原。唐朝中期发生“安史之乱”，烽烟四起，有户姓王的三兄弟背井离乡，逃荒要饭来到当时还没有战乱的神木南部山乡。那时，这里人烟稀少，远离官府，还是松柏参天的“世外桃源”。据县志记载，在唐代，神木地区松树确实到处可见。至今，在一些寺庙还保留下来零星的松柏树群。唐代诗人王维曾有吟新秦郡的松树歌：“青青山上松，树里不见今更逢……”王家兄弟在朝阳的山坡上掏了窑洞落脚，繁衍子孙。王家老大爱种地，安家在土地肥沃的地方，这里便是后来的王家庄；老二爱打猎，安家在山高林密的地方，这里便是后来的王家塬；老三爱捏泥人，安家在出产胶泥的地方，这便是后来的王家寨。在漫长的历史变迁中，王家兄弟勤苦耕作，相互周济，各自繁衍了一代代子孙。后来，不断的战火兵燹，统治者的横征暴敛，人们过度的开发，使这里的生态平衡遭到了严重破坏，森林逐渐绝迹，黄土裸露。王家塬和王家寨的许多人也被迫靠土地吃饭，操起了种地的营生，王家庄就成了方圆三四十里最大的村庄了。

王学礼家的老宅，是依山崖掏挖的几孔窑洞，坐北朝南，一字排开。在王学礼烈士家人的陪同下，本书主编和作者参观了王学礼出生和居住过的窑洞，主窑之上的娘娘庙，是过去王家庄人拜神求子的地方，也是当年王学礼闹革命活动过的场所。出了老宅大门，右手是一个木头的戏台遗迹，据说在过去的每年正月十五和四月初五按照当地的风俗都要上演一些地方小戏。站在窑洞前的场院里，就能看到王家庄的人们随山势掏成的一眼眼窑洞，错落有致，或隐或现。老宅窑畔的漫坡上，顽强地生长着稀疏的旱柳、青杨和榆树;山脚下,有一汪清泉涓涓流过,浇灌着沟谷里仅有的二三十亩水浇地。距离王学礼家老宅窑洞门前不足一公里的山窝处就是当年晋绥公安总局所在地——28孔窑洞旧址;在窑洞的脑畔,沿盘山公路而上,大约1公里地的山梁上的王家庄小学,就是当年红3团成立的地方……

神木是著名革命老区,早在1927年这里就创建了中国共产党的组织,1934年创建红色政权,开辟神府革命根据地④,成为中国共产党在全国保存下来为数不多始终未被反动势力"清剿"的红色根据地之一。这块光荣的土地上曾发生过无数可歌可泣的革命故事。

注释:

①神木,位于陕西省北端,黄河中游,长城沿线。1958年神木、府谷合并为神木县。1961年,神木县又分为神木、府谷两县,同属榆林专区(现榆林市)。2017年,撤销神木县,设立县级神木市。

②窟野河,发源于内蒙古伊克昭盟东胜县的拌树河,由北部偏东方向流至石圪台进入神木县境。在房子塔以西的河流称为乌兰木伦河,在房子塔以东的河流称为牛河,两河在房子塔相汇,以下称窟野河,流至县境南沙峁头村入黄河,全长221千米。

③秃尾河,发源于神木县境瑶镇乡的官泊海子,宫泊沟、谷丑沟两大支流在乌鸡滩汇流后称秃尾河。流经瑶镇、高家堡、乔岔滩等地,至万镇河口岔村入黄河,全长140千米。

④神府革命根据地,是土地革命战争时期中共陕北特委领导创建的革命根据地,是陕北革命根据地的重要组成部分。神府根据地以神木为中心,包括府谷、佳县、榆林部分地区,总面积4000多平方公里,人口约14万。

第一章　童年生活

1916年10月11日，王学礼出生的时候，他的父辈兄弟4人都已成亲，但还没有分家，全家20多口人生活在一起。王学礼的父亲王恩茂是兄弟中的排行老二，负责保管全家的粮食和财产，掌管家务安排生活的是兄弟中排行老三的王恩吉。全家人自己耕种了250多亩干旱的山坡地。在这贫瘠的土地上，即便是好年成，每亩地的收成不过50多斤粮食。为了养活一大家子老小，王恩茂兄弟在农闲时也做点小生意，用以维持贫苦的生活。

王恩茂的妻子名字叫王活鸡。他们夫妇一共生育了6个孩子，3个过早地夭折了，只存活下了王学礼和他的两个妹妹。据说，王学礼出生时又白又胖，粉嫩嫩的脸蛋上有两个深深的小酒窝，躺在炕上一刻也不闲着，总是睁着黑汪汪的大眼睛东张西望，小脚丫还一蹬一蹬的，甚是惹人喜爱。乐得爷爷、奶奶整天合不拢

王学礼出生时的窑洞

父亲王恩茂

嘴，给王学礼取了个奶名，叫“棉壳虫”。意思是裹在棉被里的孩子像棉花包里的小虫子一样。

“棉壳虫”一懂事就提着小柳条筐，上山割草喂羊。干完活，他就和小伙伴们上树掏鸟蛋、下沟追野兔，玩耍得十分尽兴。小伙伴们在山洞土窑里躲雨时，还会一边烤洋芋蛋吃，一边尽情地嬉戏谈笑。像在黄土高原上茁壮成长的旱柳一样，在贫瘠的土地上，“棉壳虫”顽强地度过了一天又一天童年的岁月。尽管生活是困苦的，但童年的时光毕竟还有些许的天真与烂漫。

勤劳朴实的王恩茂，为人忠诚厚道，办事公道。村里人发生口角，或者是谁家的婆媳不合，都愿意请他去评理说合。王活鸡天性善良贤惠、乐于助人，遇到灾荒年景经常接济贫苦的乡邻，在全村享有很高的威望。父母辈的热情友好、乐善好施的品德，对童年的王学礼产生了深刻影响。

神木县一带的贫苦百姓，向来对读书人非常敬重，尊称他们为“秀才”“先生”。谁家要是出了个高小毕业生，真是比娶媳妇、生儿子还要喜庆。县政府衙门要派当差的送来大红报喜帖子，“秀才”荣归故里要在村口放鞭炮迎接，各家各户送肉敬酒，村里德高望重的老年人还要代表全村人敬“秀才”一杯酒。那阵势可真是光宗耀祖，名扬乡里！

母亲王活鸡

在“棉壳虫”的童年时期，中国大地上爆发了轰轰烈烈的反帝国主义、反封建军阀的革命运动。这场革命运动席卷全国，规模之宏大，发动群众之广泛，影响之深远，在中国历史上是前所未有的。

1925 年上海爆发了震惊中外的“五卅”运动，标志着大革命高潮的到来。5 月 30 日，青岛、上海等地工人游行抗议日本棉纱厂非法开除及殴打工人，遭到开枪镇压，引发流血事件。陕西各界声援“五卅”反帝爱国运动的活动持续了很长时间。当年，神木县旅外学生中的共产党员，利用寒暑假期，回神木宣传马列主义，介绍吸收小学生贾拓夫[①]等为共产主义青年团团员，县境内开始建立共青团组织。回乡学生中的共产党员在家乡组织临时党小组，开展革命活动。

到大革命风起云涌的 1926 年春天，王家庄村也在土窑洞里办起了一所公办小学。正月开春的一天，王恩茂的父亲把 4 个儿子叫到跟前说，家里几辈子都没出个读书人，老总（指给国民党政府办差的人员）来收苛捐杂税，随便给个字据条糊弄人，家里都是不识字的睁眼瞎，吃尽了苦头。现在，“棉壳虫”长大了，脑子灵便，全家就是少吃一口饭，也要拿钱供他读书。“棉壳虫”是家中的长孙，加之聪明伶俐，王恩茂兄弟几个人一致赞同老父亲的主张。

王恩茂赶紧从山峁里把逮兔子的“棉壳虫”找回家，说明要他读书的事。“棉壳虫”一听喜得一蹦老高，把刚刚逮到的两只野兔全部送给了小伙伴。其实，这些天，村庄上开办学校后，“棉壳虫”就缠着闹着家里人要去上学。现在，爷爷和父辈们要供他去上学读书，怎么不高兴呢？“棉壳虫”回到家里，立刻来到爷爷跟前，跪在地上磕了几个头，懂事地说：“爷爷，我一定要下苦功夫学习，长大了为穷人争气！”慈祥的爷爷抚摸着孙子的头，嘱咐孙子要好好学习。家里人七嘴八舌地议论起来，要给“棉壳虫”起个上学的名字。为了家里能出个知书达理的“秀才”，“棉壳虫”有了个大号，叫王学礼。这个名字寄托了一家人要他“知书、学礼”的期望。

果然，王学礼不负众望，上学后勤奋好学，成绩一直名列前茅，经常受到老师的夸奖。上了两年学的王学礼，已经不满足于读《三字经》《百家姓》之类的书了。课余饭后，他经常缠着王兆卿[②]老师讲《水浒传》《三国演义》的故事，还有民间传说的“李闯王”的故事，都烂熟于心了。这些英雄好汉们劫富济贫、除暴安良的故事，深深地吸引、激励着王学礼。随着识字的增多，王学礼想方设法借来这些书阅读，在他那幼小的心灵中，也憧憬着有一天能成为为穷人撑腰的英雄好汉，杀尽贪官污吏，将黑暗的世道翻个底朝天，让穷苦百姓都过上有饭吃、有衣穿、有房住的好日子……

王兆卿老师爱喝酒，每次回家都要用粗瓷瓶子灌上一瓶“苞谷烧”，回到学校后喝得津津有味。王学礼看到老师爱喝酒，由此想到书中爱喝酒的英雄豪杰，也就好奇地想喝上几口尝尝。一天，课间休息的时候，王学礼趁王兆卿老师不在土窑里，悄悄地溜了进去，找到了酒瓶，学着书中“好汉”的样子，一仰脖子咕咚咕咚就喝了几大口。烈酒下肚，立刻烧得他面红耳赤，好不容易东摇西晃地走到教室里，就趴在课桌上呼呼大睡，引起同学们的哄堂大笑。结果，王学礼挨了王兆卿老师的好一顿训斥。

那时候，老师是十分严厉的。背诵古文，学生如果卡壳、漏句，老师就要用戒尺打手心，一板就是一条红印子，手肿得连毛笔也拿不住，还不许学生掉眼泪、哭出声。王学礼常常模仿好汉们见义勇为的做法，谁要是背不出来古文，他就给谁递话、传条子。他这样做的结果，当然是被老师拉出来，陪着背不出古文的同学一起被罚站、打手心。后来，为了免于被罚，王学礼想出了一个办法,把几个经常挨戒尺的同学召集到一起,让他们每晚去他家背古文,谁要是背不出来,就不许回家睡觉。自从王学礼在家里熬灯费油地当了严厉的小先生,大家互教互学,长进很快,都能过了背诵古文这一关,挨老师打手心的事就不常发生了。自打学习小组成立以后,王学礼自然也就成了小同学们的领头人了。

王学礼还因为逞能而闯过祸。有一天,放学回家后,王学礼约几个小伙伴去割草。半路上,邻居家一只小羊羔跟着他们,咩咩咩地直叫,真让人爱怜。王学礼觉得好玩,转身抱起了小羊羔,轻轻地抚摸起来。受到惊吓的小羊羔,四只小蹄子一个劲地在他怀里直踹,嘴里发出咩咩——咩咩的叫声。一个小伙伴突发奇想说:"你敢杀羊吗?"小伙伴们就怂恿着要王学礼学大人的样子杀羊。在大伙的激将下,王学礼说:"杀羊谁不敢呀,坏蛋我都敢杀呢!"说着从地上顺手操起割草的镰刀,往小羊羔的脖子上一抹。小羊羔的血流了出来,王学礼不由地把手一松,小羊羔掉在地上,抽搐了几下就不动了。这下子,王学礼和小伙伴们都吓傻了,小羊羔又不是坏蛋,怎么能杀它呢?可是,王学礼后悔已经晚了。好汉做事好汉当!王学礼回到家,鼓起勇气向父亲承认干了错事,一声不吭地撅起屁股挨了一顿巴掌。王恩茂又带着王学礼到小羊羔的主人家赔了钱、道了歉,才算了结此事。事后,王学礼还在悔恨自己的莽撞,于是学着大人们的样子,找了一处绿草茵茵的小山坡,为小羊羔垒了一座小土坟,献上一束青草,口里念念有词地请求冤屈的小羊羔能原谅他的过错。

这以后,王学礼逐渐悟出一个道理,当"英雄好汉"要做好事,不做坏事。

1929 年,陕西地区遇到历史上最大的一次年荒——民国十八年饥馑，饿死的人之多，在中国的历史上都是罕见。实际上，这次旱灾持续了3年，从民国十七年至十九年，庄稼几乎绝收。据民国十九年年底陕西省赈务委员会灾情报告统计，当时，全省有200多万人活活饿死、200多万人流离失所逃亡他乡、800多万人以树皮、草根、观音土苟延生命奄奄一息。在旱灾发生的同时，又有风灾、雹灾、虫灾、瘟灾、水灾、火灾、兵匪之灾一起袭来，使全省92个县尽成灾区。赤野千里，尸骨遍地，甚至人人相食，惨绝尘寰。省城内已无多少食品可吃，灾民又冻又饿，西安北大街老菜市以东、东大街古物商店、盐店街风火洞口、新城南门外、北柳巷口等处发现男女数十人的尸体……

大灾袭来，靠天吃饭的陕西神木的王家庄更是久旱无雨，庄稼歉收。许多农民只能靠剥榆树皮，咽糜子壳，挖苦苦菜和沙葱、甜苣、甜根等野菜苦度荒年了。王学礼一家人是勤劳持家的好手，历年存有余粮，以防天灾人祸。这时候，全家除吃糠咽菜外，倒是还有几顿小米稀饭和苞谷面馍馍吃。当地人不论年景好坏，一天都是两顿饭，从不吃早饭。为了让念书的人不挨饿，王活鸡总是给王学礼多带点晌午的干粮。看到家境贫寒的同学日渐消瘦，时常饿昏在课桌上，王学礼总是帮扯穷苦同学一把。

至今，在王家庄一带还流传着这样的故事：有天中午，王学礼郑重地站在讲台上，叫同学们把干粮都放到桌子上，他要看看谁没有带干粮。大家你瞅瞅我，我瞅瞅你，没有带干粮的同学无声地低下头，带了干粮的同学也极不情愿地把干粮摆了出来。王学礼先走到一个男同学面前，往男同学的饭碗里看了看，拿起筷子搅了搅，翻起了只有一层谷壳的“稀粥”。他对这个叫“狗娃”的同学说：“喝这样的东西，要不了几天，你的腿杆准得跑细了——怪不得你一节课要上两趟茅房。”狗娃没好气地嘟囔道：

“咱家里这就是最好的饭了。”王学礼又走到一个女同学身边，拿起她用野菜和糜子壳做成的菜饼子，掰下一小块，放进嘴里嚼了嚼，真是又苦又涩！王学礼很快地把全班20多人的干粮都看了一遍，之后，他把自己带的糜子面馍馍分给几个同学吃了。一连好几天，王学礼和同学们共享着干粮，他上课时就感到肚子有点饿，咬咬牙也就挺过去了。可一放学，王学礼就匆匆忙忙赶回家，找饭吃。妈妈感到奇怪，儿子的饭量为什么突然变得这样大了，追问原因王学礼不肯说。后来，妈妈还是从儿子的同学那里知道了王学礼和大家一起分吃干粮的事，她不但没有责备儿子，反而默默地每天给王学礼多带些饭食、糜子面馍馍，无声地支持儿子接济贫困的同学。在忍饥挨饿的日子里，王学礼鼓励同学们说：“我们乡村娃娃念书不易呀，眼下是度饥荒，要坚持下去，日子再煎熬，也不能退学，有了文化，我们才能熬尽苦日子，过上好日子。”

在王学礼的带动下，同学们互相帮助，团结友爱，合伙吃着干粮，一起在放学路上采野果、挖野菜充饥，终于熬过了大灾之年的饥荒……

注释：

①贾拓夫（1912—1967），原名贾耀祖，曾用名贾元、拓夫、红光、虹光、关烽、绍先，字孝先。陕西神木人。1926年考入绥德省立第四师范学校，同年加入中国共产主义青年团，先后任团神木县第一高小支部书记、绥德县学联主席、团县委书记等职。1928年转为中国共产党党员。1956年出席中共八大，被选为中央委员会委员。

②王兆卿（1908—1933），字子禄。陕西神木县南乡王家后坬村人。1925年加入中国共产党，神木县早期革命工作者。

第二章　追求光明

1929年至1930年，陕北许多地方的灾民组织自救团体，自发开展了分配地主豪绅的粮食、“交农”罢耕[①]、要求减免粮款和苛捐杂税的斗争。

1930年5月下旬，中共陕西省委召开会议，分析了当时的政治、经济形势及群众斗争情况，决定以三原北区为中心，恢复农民协会，组织灾民自救队，以广大灾民为基础开展游击战争。陕北各地中共党组织领导了多次类似的斗争，总计有十多个县、十几万农民参加，群众运动声势之大，前所未有。当年夏天，刘志丹、谢子长[②]等人乘陇东民团军总司令谭世麟扩充势力之机，成功组建了一个团，在陕、甘、宁边界地带活动。同年秋，谢子长和刘志丹率部驻防庆阳、吴起边界的三道川，在训练队伍、准备起义时，遭军阀张廷芝部的袭击而失败。10月，刘志丹又借用谭世麟部骑兵第6营的名义，巧袭甘肃合水县太白镇，将谭部第24营缴械，重组队伍，在保安、安塞一带活动。这一年，中共神木南乡区委会正式成立，王学礼也是在这一年的春天，以优异的成绩考入离家乡30多里远的盘塘高级小学（府谷县第5高小）。

在盘塘高小，受到“五四”新文化运动的影响，师生的思想发生了很大变化。当时，王学礼最亲近的老师高洪轩[③]等中共地下党人，经常在学

渭华起义后举行的群众庆祝大会

生中宣传进步思想、介绍推荐进步书刊，还时常给大家讲述革命道理和渭华起义④等新鲜事，使王学礼受到了新民主主义革命和马克思主义思想的熏陶。王学礼逐渐认识到共产党人才是当代真正的英雄豪杰，只有跟定共产党，才能救国救民，让穷苦大众翻身得解放，过上好日子。

盘塘高小坐落在波涛汹涌的黄河边上，高高的河堰上到处是茂密的枣树林。每年的5月里，枣花盛开，那细碎的花朵像是夜空中闪烁的星辰，飘散着芬芳浓郁的清香，成群的蜜蜂，嗡嗡嗡地在枣林中忙碌着，采花酿蜜。中共地下党人和思想进步的学生，在课余饭后常在枣林里谈心散步，讨论革命形势。王学礼也常常在枣林里聆听高洪轩等共产党人讲革命道理，并向组织汇报自己的思想，表达参加革命的愿望。在组织开展的一次次革命活动中，王学礼接受了革命的考验，成为进步学生中的骨干。

1930年5月的一天傍晚，微风拂面，香气宜人。王学礼独自躺在一棵大枣树下，掩饰不住内心的喜悦，掐下一簇枣花拍打自己发烫的脸颊。这天，组织上通过考验，接受了王学礼的要求，批准他光荣地加入了中国共产主义青年团。那时，学校的共产党支部是地下秘密组织，组织成员只能单线联系，学生入团后表现好可以吸收入党。王学礼知道，这事不能告诉任何人,就是自己的亲生父母、兄弟姐妹也不能说,更不能找几个相好的同学来分享他的幸福,这是组织纪律规定的。他躺在草地上,欣喜地闭上眼睛,闻着枣花的清香,陶醉在幸福和喜悦中。突然,一只小蜜蜂在他耳旁嗡嗡嗡地飞来飞去,他睁开眼睛,那小蜜蜂飞落在手中的一朵枣花上。王学礼欠起身来,聚精会神地注视着蜜蜂采花时的细微动作,不禁触景生情:蜜蜂为了酿蜜,采万朵花,飞千里路,真是不辞辛苦呀!王学礼拿出随身所带的小本子和笔,飞快地写下这样一段文字:

> 为了革命,我也要像小蜜蜂那样,为劳苦大众"酿造"幸福,组织上叫干啥就干啥,再苦再累再难,我也要努力做到……

盘塘高小的校长贺立本,是国民党县政府任命的。他饱读经书,信奉孔孟之道,崇尚封建礼教,事事都很守旧。他虽然没有做过什么伤天害理的事,但决不支持学生在学校搞什么革命,这给中共地下党的活动造成了一定的困难。要想争取更多的学生参加革命,就得把校长这个位置掌握在共产党人的手中。中共地下党支部,在1930年秋秘密发动学生中的党团员,开展了驱赶校长贺立本的斗争。贺立本正巧是王学礼的亲姑夫,他对这个侄儿十分喜爱,时常关照他的学业和生活。贺立本有几个女儿,没有儿子,他有一桩心愿,想将来把王学礼招为女婿。因此,王学礼格外受到贺立本的照顾,彼此感情非常亲近。学校的中共地下党支部决定先做争取贺立本的工作,并选派王学礼从中协助,争取把他拉到革命阵营里来。为此,王学礼常约姑夫走出校园,沿着黄河岸边散步、交谈。在他们心平气和地各抒己见的时候,王学礼有意把话题转到怎样看待中国的命运前途问题上来。随遇而安、与世无争、只图过个清闲舒适日子的贺立本，对学校中开展的革命活动，虽然早有觉察，但既不表示支持，也没向反动当局告密，采取无为而治的态度。这天，贺立本身穿长袍短褂，头戴黑缎子瓜皮帽，又倒背着手，踱着方步，慢条斯理地说："中国经济落后，民众愚昧无知，要改变现状，只能靠发展资本主义，等到国富民强了，社会就自然进步了，不需要闹什么革命。"王学礼据理力争说："姑夫，不闹革命，中国什么时候才能变得国富民强。鸦片战争后，帝国列强肆意瓜分我华夏大好河山，中国日益沦为半殖民地半封建的社会，辛亥革命的失败，就证明帝国主义列强是不让中国发展资本主义的，那种'科学救国''实业救国'的理想，在今天之中国只能是一种无法实现的空想……"

贺立本不以为然地摇摇头说："揭竿起义是犯上作乱，什么革命，那是自相残杀，削弱国力，于国于民都是无益的。"

王学礼立即反驳道："姑夫，你忘了吗？去年，我们陕北地区遭大灾，地主老财仍然催租逼债，地方官府横征暴敛，穷苦百姓苦不堪言，多少人逃荒要饭，卖儿卖女，饿殍遍野，穷苦大众再不造反，还能有活路吗？"

贺立本无言以对，只好尽快结束话题："读书人以书为本，还是莫管国事为好。人生一世，富贵在天……"

王学礼继续反驳道："天下兴亡，匹夫有责。姑夫，你不是也给我们讲过这个道理吗？现在，国家四分五裂，老百姓生活在水深火热之中，我们再不革命，能行吗？"

……

姑夫和侄子话不投机，不欢而散。贺立本漫步在黄河岸边，气恼得不再吭声了。王学礼止步凝神望着黄河两岸雄浑苍茫的风光。奔腾的黄河水势不可挡，惊涛骇浪猛烈地拍打着河岸，发出一阵阵的轰鸣，仿佛他脚下的土地都在剧烈地颤动。黄河滔滔，陡峭的河床被不断地冲刷、侵蚀着，坍塌的土块滚入急流，翻起一股股浊浪，在旋涡中旋转翻腾，不一会儿就从眼前消失了。望着黄河的波涛，王学礼感到浑身热血沸腾，情不自禁地感慨道："中国的革命运动就像这汹涌澎湃的黄河水，任何暗礁险滩都不能阻挡它前进的脚步！"

之后，王学礼多次给姑夫做工作，谈革命道理，但贺立本还是坚持不在学校闹革命的观点，不表示支持革命活动。

仲秋的一天下午，和王学礼一起上学的贺立本的侄女贺汉斌，神色慌张地跑来说同学们明天要赶走贺立本，问王学礼该怎么办？事前，他已知道了中共地下党支部的这个决定。经过一段时间的说服工作，姑夫态度仍不明朗，中共地下党支部才不得不断然采取措施。王学礼虽然对姑夫还有亲情的怜悯之意，但是，他想到了干革命是不能掺杂个人私情的。于是，无奈地对贺汉斌说："姑父的思想不合潮流，同学们不欢迎他也是意料中的事。姑夫迟早要被大家赶走的，我不能因为他是自己姑夫而迁就，干革命就不能徇私情。"第二天上午，王学礼按照组织的要求，毅然带着一帮同学闯进了校长宿舍，贺立本从椅子上抬起头，神情颓唐地望着王学礼，一句话也没有说。王学礼带头卷起姑夫的铺盖卷，扶着姑夫搬出校门外……

贺立本被迫辞去校长职务，离开了盘塘高小。在中共地下党的多方活动下，由一名中共党员教师担任了校长职务，盘塘高小的革命局面从此打开了。事后，学校中共地下党支部认为贺立本虽然思想落后，但是同情革命，没有做过坏事，应该继续争取他。这样，王学礼和一些思想进步的教师、同学又常常去找贺立本做思想工作，使他渐渐消除了怨气。贺立本还利用自己的合法身份，积极做一些有利于革命的工作，利用他在国民党县政府中的特殊关系，用金钱买通关系，经常保释被国民党逮捕的共产党员和革命群众，做了许多有益于人民的事。

1950年2月初，王学礼的遗骨被运回家乡安葬。贺立本闻讯痛不欲生，老泪纵横，亲自写祭文悼念，感激王学礼引导他走上了革命道路。

1931年2月，刘志丹率部在甘肃合水县固城川，与当地的几支革命武装会合，进行整编，刘志丹任总指挥，下设4个连。部队整编后，在甘肃宁县遭国民党军陈珪璋部谢绍安旅的袭击，损失过半。4月，根据中共陕西省委的指示，刘志丹率部编入国民党驻彬县的苏雨生部，任补充团团长。刘志丹在以补充团名义扩充部队、筹措军需时，引起苏雨生的注意，被苏雨生逮捕。后经在国民党陕西省政府任职的共产党员、民主人士和中共陕西省委的多方营救获释。刘志丹出狱后，以国民党军陈珪璋部第11旅旅长的名义继续从事兵运工作。9月，刘志丹偕同马锡五[⑤]等人来到甘肃南梁地区，将分散活动在合水、庆阳县山区的3支革命武装集合起来，在合水县太白镇附近的倒水湾进行整编，创立了一支由中国共产党直接领导的工农革命武装——南梁游击队。此后，游击队在南梁、东华池一带组织发动群众，进行抗粮、抗捐斗争，逐渐发展壮大。由于受到国民党山西地方实力派“围剿”，中共山西特委领导的中国工农红军晋西游击队第1大队被迫西渡黄河，来到陕北，同中共安定县委和陕北特委取得联系，在保安、定边、靖边和安边一带打土豪，分财物，开展游击战争。10月初，改称陕北游击支队，10月下旬，陕北游击支队来到南梁，在合水县林锦庙、东华池一带与刘志丹领导的南梁游击队汇合。这年，共青团神府区委建立，以沙峁镇高级小学为活动中心。也是这年的9月，王学礼转学到沙峁镇第3高小读书，并在学校食宿。

沙峁镇第3高小教师贾怀智⑥在当时的县教育局担任督察员期间，利用合法身份，兴办学校，选派教员，发展共产党的力量。当时，中共神木县委从斗争的实际出发，把学校作为培养革命骨干、壮大革命队伍的重要渠道。因此，在全县中小学校的教师队伍中，有相当一部分教员都是中共地下党员，造就了大批有文化知识、追求革命真理的热血青年。贾怀智的大哥是当地有权有势的开明绅士。贾怀智为了发展党的力量，力主大哥在山区出资兴办学校，造福子孙后代，做积德乡里、千古留名的好事。大哥认为言之有理，欣然同意了，经当时的县政府批准，沙峁镇第3高小因陋就简，很快就开学了。不久，这所学校成为神木县南乡秘密的中共区委所在地，校长和教员都是中共地下党员。王学礼刻苦读书，学业上不断有所长进。与此同时，他在贾怀智等共产党人的教导下，能够更好地受到马克思主义教育，政治上也逐渐成熟。当时，中共陕西省的党团组织自从创办《陕西国民日报》以后，为进一步宣传革命思想和马克思主义理论，相继编辑出版了《孙中山先生传》《马克思主义概论》《共产主义与共产党》《社会科学概论》《帝国主义侵略中国史》《唯物史观》等多种革命理论书籍。

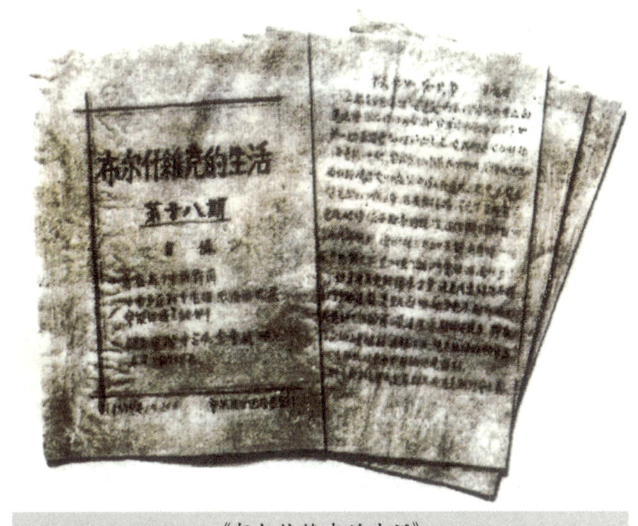

《布尔什维克的生活》

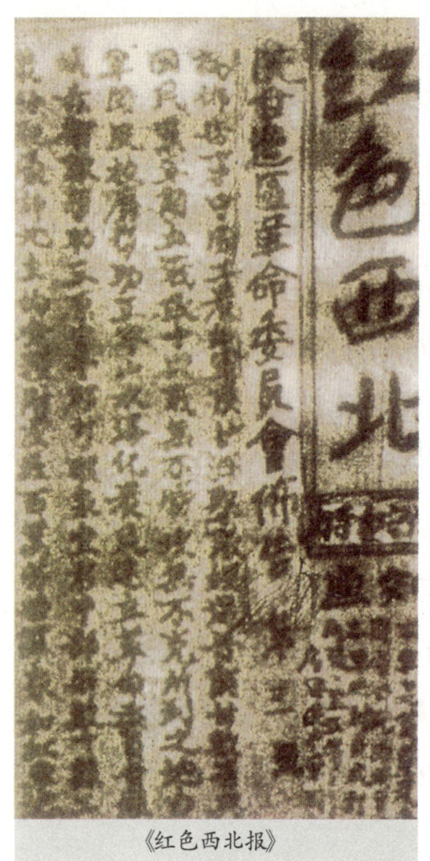
红色西北
陕甘边区革命委员会

《红色西北报》

这些书报的编辑、出版和发行，多由参加国民党的共产党员、共青团员主持。中共陕甘边区特委和边区苏维埃政府分别创办了《布尔什维克的生活》和《红色西北报》，对团结、教育人民，建设根据地起到了积极的推动作用。王学礼能经常阅读到《共进》《向导》《中国青年》《西北人民》等党的进步刊物。

《共进》杂志是1921年10月由陕西旅京学生创办于北京。陕西旅京学生组织的共进社成立后，《共进》半月刊成为该社的机关刊物。《共进》以“提倡桑梓文化，改造陕西社会”为宗旨，刊登了大量宣传新文化、新思想的文章。王学礼如饥似渴地学习了其中的《中国共产党对于时局的主张》《俄罗斯革命第6周年纪念》《列宁周年纪念感言》《列宁之死与中国青年》等介绍马克思主义的文章。《向导》是周报，1922年9月创刊于上海。周报一创刊，中国共产党就利用这块舆论阵地，全力宣传党的“二大”提出的民主革命纲领：“消除内乱，打倒军阀，建立国内和平；推翻国际帝国主义的压迫，达到中华民族完全独立，统一中国为真正民主共和国。”并大量报道全国各地工人阶级斗争的情况，激发反封建军阀的革命斗志，坚定进行革命斗争的信心。它以鲜明的革命性、深刻的思想性、犀利的战斗性深受广大劳苦大众的喜爱和欢迎，被称为“黑暗的中国社会的一盏明灯”。《中国青年》是1923年10月中国社会主义青年团创办的机关刊物，在1927年11月至1932年间，曾先后改用《无产青年》《列宁青年》等名称秘密出版。《西北人民》是铅印的中共陕甘区委机关刊物，常常以共产党的名义对西北许多地方问题提出公开的建议，及时转载中共中央的言论，被誉为“西北革命的急先锋”，刊登过《介绍同志须知》《入党须知》《工农入党须知》《党员须知》《党员问答》《干部须知》《党的组织讨论提纲》等有关方面的文章。

王学礼通过各种渠道借阅到的这些红色书刊，经常刊登一些马列主义著作和言论，用大量事实揭露了国民党统治的腐朽没落，指出了社会主义必将在中国实现的历史趋势，描绘了共产主义社会的美好前景和苏联人民的幸福生活，给年少的王学礼展现出了一个红彤彤的新世界。

> “政治太黑暗了，教育太腐败了，衰老沉寂的中国像是不可救药了，但是我们常听见青年界的呼喊，常看见青年界的活动。许多人都相信中国的惟一希望，便要靠这些还勃勃有生气的青年……”

——这是《中国青年》中的一段话，王学礼每当大声诵读这些文字，憧憬着革命的未来时，总能感受热血沸腾，心跳不止。白天，王学礼认真听课，各门功课都是优秀；晚上，他写标语、贴传单，积极参加革命活动，受到老师和同学们由衷的赞扬。

一个漆黑的夜晚，王学礼和几位同学到隔河相望的刘家坡村贴标语。时逢雨季，平常能蹚水越过的窟野河水猛涨，最深处能淹过大人的头顶。没有人会游泳，又没有桥和渡船，同学们望着湍急的河水，大家都焦急万分，时间一分一秒地过去，远处传来几声鸡叫，眼看天就要亮了，怎么办？王学礼急中生智，脱下衣服把标语包好，顶在头上，用一根长木棍试探着下水了。他蹚着混浊的急流，几排浪头压过头顶，河水呛得他不住地呕吐。终于，他闯过了急流，爬上对岸后很快地贴完了标语，又蹚水回到学校。后来，王学礼找附近群众了解窟野河的流水情况，又经过自己的反复下水实践，终于找到了一段水位比较浅、流速比较缓的涉水路线，并且把这条“安全路线”详细告诉了同学们。以后，大家都能顺着王学礼探出的路线，安全地过河执行组织交给的任务了。

1932 年冬天，学校放寒假。贾怀智老师把共青团员们秘密召集在一起，用大红纸刻印好春节时送给穷人们的拜年帖子，用来宣传革命道理，扩大共产党的影响。中共地下党组织按居住地区把拜年帖子发给每个人，要求共青团员们在农历大年三十晚上送到老百姓家中。同时，还要求大家要严格保密，不能被别人发现，以免暴露中共地下党组织。油印的拜年帖子，比巴掌大不了多少，不能像标语一样往墙上贴，放在什么地方才最合适，用什么方法才能让老百姓都看到拜年帖子呢？大家想到从门缝里悄悄塞进去，裹上石头从墙外扔进去……可是，拜年帖子要是掉在院子里，夜里刮风下雪，不就被糟蹋了，大多数人还是看不到。既不暴露自己，又要放在一个人们一眼能看到的地方，王学礼想到了每年正月初一天刚蒙蒙亮时，老人们要烧香祈

“天地神”窑

祷，礼拜天地神，就建议把拜年帖子放在“天地神”窑[7]里，再用石头压牢，这样就被风刮不走，雪埋不住，还能保证第二天一大早家家都能看见了。共青团员们一听，都不禁拍手叫好，贾怀智老师高兴地拍拍王学礼的肩头，让同学们都照这样去办。

王学礼领受了任务，寒假回到家里，他做好了一切准备，吃过年夜饭，怀揣了拜年帖子和几根吃剩的羊骨头，借口找小伙伴们叙旧情、熬年夜就要出门。母亲追出院门，叮嘱他早点回家，不要贪玩，以免家里老人着急，还往他兜里塞了几把大红枣。王学礼答应着，出了家门，先奔王家寨去了。

那是个寒冷落雪的大年三十，凛冽的北风卷着雪花，天地黑蒙蒙的一片，荒野里什么也看不清。小时候，他曾在这一带山坡上放过羊，对这里的地形非常熟悉，闭着眼睛也不会迷失方向。王学礼躬着腰，高一脚低一脚地行走在山间的羊肠小道上，翻过了几座小山峁，又越过一道小山沟，就到了王家寨。风雪中，家家户户门前挂上了红灯笼，小红点时隐时现，给山乡凄冷的夜晚多少带来一点喜庆。王家寨的人，大都认识王学礼，热情地招呼着邀请到家里坐坐。王学礼又是掏枣，又是客气地向大家问好、回礼，顺便就把一张张拜年帖子放好在人家天地神窑里。走到一家大户庄院门前，看到紧闭的大门，他想这户人家仗势欺人，无恶不作，人们早就恨之入骨了，一定得多搁上几张拜年帖子，警告警告。王学礼绕过紧闭的大门，翻墙而入，不料惊动了看家护院的大黄狗。他掏出早已准备好的羊骨头扔过去，大黄狗扑上去咬羊骨头，他将裹着石头的拜年帖子放在天地神窑内，飞快地翻过院墙，消失在迷茫的雪夜里……

这年的农历大年初一，好多人家都看到了拜年帖子，识字的人念了起来:父老兄弟团结起来,打土豪分田地!铲除封建剥削,实行土地革命!跟着共产党,不愁吃和穿……

拜年问候,走亲访友的人们,在这个春节里都纷纷议论在天地神窑里发现拜年帖子的事。大家互相惊叹,知道了共产党给老百姓挨家挨户送拜年帖子宣传革命的事了。

开展革命活动，除了随时都有可能遭到国民党军警的追捕和迫害外,最大的困难就是缺乏经费。沙峁镇第3高小的中共地下党组织没有任何经济来源,完全靠党团员交纳党、团费和主动捐款。可是,学生中的党团员大多数都是贫苦人家出身,也拿不出多少钱来资助组织。这样,组织上时常连印传单、写标语的纸张都无法保障。王学礼深知中共地下党组织的困难,每月都要请假回家,借故交学费、买饭票向家中要钱,捐献给党团组织。

1932年初春的一天,王学礼又急匆匆地踏上回家的路途,打算再为组织筹款。他知道全家都非常疼爱自己,省吃俭用供自己读书,每次只要自己开口,家里多少都要给一点钱。但想起弟弟、妹妹们穿着破旧的衣衫,饥黄的面孔和父母粗糙的大手、满脸的皱纹,尤其是去年冬天,刚满7岁的弟弟因无钱治病而死去,母亲哭得死去活来的情景,他感觉到心中隐隐地作痛,心情异常沉重,总觉得对不起全家人,更对不起死去的弟弟。这次转到沙峁第3高小上学,父亲盼子成才心切,全家人仍然勒紧裤腰带支持他念书,半年光景就花了70多块大洋,超过了学费饭钱的好多倍,忠厚老实的父亲和家里人被他瞒过去了,实在是心中有愧啊。可是,王学礼转念一想,自己从没有乱花过一分钱,多余的钱都交给组织了。共产党为了穷人翻身得解放、当家做主人,流血牺牲都不怕,现在组织上正急需钱给游击队买枪、买子弹消灭敌人，等革命成功了，这里面还有我们全家人的一份贡献呢！想到这里，王学礼的心情不觉又轻松下来。赶到家时，父亲刚下地回来，王学礼赶紧从灶膛里夹出一块火炭，凑到父亲面前把旱烟点上，这才说出了要钱的事。父亲长叹一声说："娃，你上学才半年，就花光了70多块大洋，这可是我们老兄弟几个辛苦好几年攒下的血汗钱呀！"王学礼真想把向组织上捐款的事说出来，可这是组织纪律绝对不允许的，他感到有口难言，闷闷不乐地用指头在地上胡乱划着。父亲又无奈地说："我们老兄弟几个商量了，你上学花钱太多，我们实在供不起了，识下的几个字种庄稼也够用了，你还是退学回家干农活吧。"王学礼还有半年就高小毕业了，他实在不想中途辍学，更舍不得离开引导他走上革命道路的老师和同学呀！善良的母亲见此情景，急忙走上前，将王学礼拉到一边，把自己当新媳妇时过年给老人们拜年磕头攒下的私房钱拿出来，给了他，一句怨言都没有，反倒说了许多安慰儿子的话。

这天夜晚，王学礼躺在炕上怎么也睡不踏实。家中生活的确艰难，今后再拿什么支援组织呢？他想到曾听老师贾怀智对一位从山西过来的秘密交通员说过，要想办法找个关系，用大烟土向大户人家兑换现钱筹集钱款的事。家中的箱子里也还存有一点烟土，钥匙就在父亲的口袋里。等家中老老少少都睡熟了，王学礼蹑手蹑脚地爬起来，从父亲的裤带上轻轻解下钥匙，打开木箱上的铁锁，从箱底里摸出烟土塞进书包里，放在枕头底下。鸡叫头遍，他就起床了，借故学校有事，连早饭也顾不上吃，揣上一块杂粮饼子就急忙上路了。到了学校，王学礼把大洋和烟土全部交给了地下党组织……

在北洋军阀势力陆建章、刘镇华统治陕西期间，不顾鸦片对百姓的毒害和禁烟令，为了中饱私囊公然大开烟禁。陆建章到陕西后，打着“禁烟”的招牌，派部下将商民所储藏的数百万两大烟土全部搜出，设局熬卖烟膏，得到的银钱，尽入私囊。刘镇华任陕西省省长时，与陈树藩狼狈为奸，强迫农民种烟，比清末烟亩增加了几倍。种烟占去大量良田，使农业日趋凋敝，广大农民苦不堪言。王学礼家的烟土，就是在当时官府的逼迫下，种植和积攒下来的。

事隔不久，王恩茂发现家里的烟土丢了，想来想去，就想到了是王学礼拿走的。他负责保管全家的财产，如果烟土下落不明，几位兄弟是不会答应的。王学礼被王恩茂从学校揪回了家，几位老叔伯都非常生气，你一句，我一句地训骂他。王学礼死活不说用烟土为组织筹集经费的事。王恩茂见儿子一言不发，不由得火冒三丈，吓唬说，家里再也不给钱让儿子读书了！王学礼这才含着眼泪低声说他拿了烟土，可还是不告诉派了啥用场，只是说没有拿去干坏事。叔伯兄弟们见王学礼承认了拿烟土的事，也知道王学礼不是拿烟土干坏事的孩子，就无可奈何地叹着气，不再追究。几个叔伯知道外面乱，担心孩子有个什么闪失，商议后一致决定王学礼退学，在家里也好照应、管教。

王恩茂让儿子退学的事，引起了学校中共地下组织的重视，学校决定想方设法让王学礼继续读书。可就在这节骨眼上，学校里发生了一起意想不到的事，王学礼继续上学的愿望被毁灭了。

在沙峁镇第 3 高小附近，还有一所完全小学，叫模范学校。校长和部分教师也是中共党员。这两个学校的老师和学生都在沙峁镇第 3 高小开伙吃饭，相互之间都很熟悉。

一天早晨，沙峁镇第 3 高小的几位同学突然发现老师宿舍的墙壁上贴着一张黑帖子——这黑帖子类似现在的小字报。黑帖子上说，沙峁镇第 3 高小的刘会选老师和模范学校一位姓王的女老师有不正当的男女关系。顿时，全校哗然，不到一天工夫，消息也传遍了附近的村庄，人们议论纷纷，指责为人师表的刘会选老师伤风败俗，还有人想把孩子从学校领走。刘会选老师是中共地下党员，一贯品行端正，是个深受同学们爱戴的好老师。姓王的女老师还不到 20 岁，是个文静端庄、非常漂亮的姑娘，还有山雀般的好嗓子，因此，学校特聘请她兼任音乐课。王学礼最喜欢上音乐课了，总觉得王老师和刘会选老师为人正派，没有作出什么见不得人的事。为了调查事实真相，学校停了课在老师学生中对笔迹，查找写黑帖子的人，很多人都被校长叫去询问。

第二天，王学礼也被校长叫去。因为王学礼天性活泼、胆大敢为，会不会是他无意搞的恶作剧呢？王学礼见怀疑到自己头上，委屈得把嘴唇都咬破了，对校长解释清楚不是自己写了黑帖子后，还一连几天饭吃不香，觉睡不实，他决心帮助学校解开这个谜，为刘会选老师和王老师洗刷不白之冤。会不会有人故意造谣，别有用心呢？王学礼想到那个正在追求王老师的模范学校的刘常秀老师，这几天他虽然有说有笑的，但给人的感觉总是有点不正常，还在很多场合大肆宣扬这件事。王学礼找校长和中共地下党组织，汇报了自己的想法，学校根据王学礼的反映，经过深入细致的调查，终于查清了写黑帖子的人就是刘常秀。原来，刘常秀一直死缠着王老师，可王老师根本看不上他。后来，刘常秀无意中发现王老师早就钟情于刘会选老师，还从他那里借阅红色刊物。于是刘常秀恼羞成怒，怀疑刘会选老师是中共地下党员。于是，刘常秀就写了份黑帖子，企图达到既赶走刘会选，又把王老师弄到手的目的。学校的中共地下党组织查清情况后，决定用其人之道还治其人之身，在模范学校也贴出了一张揭露刘常秀道德败坏的帖子。刘常秀在学校待不下去了，回到县城公开投靠了国民党县政府，还告密说沙峁镇第3高小的老师和学生中有许多中共党员和共青团员。国民党县政府虽说一时没有查出什么证据，但还是硬将学校查封了。王学礼和他的同学们就这样被迫中断了学业。

注释：

①“交农罢耕”，是指1929年至1931年，陕西连年大旱，国民党当局不顾人民死活，苛捐杂税有增无减，当地驻军大量征调民工建造兵营。这些倒行逆施激起人民群众的强烈不满，农民群众为反抗统治阶级的横征暴敛，自发地聚集起来，向国民党当局交出农具以示罢耕的一种斗争方式。

②谢子长（1897—1935），出生于陕西省安定县（今子长县）枣树坪。原名谢世元，又名德元，字子长，号浩如。谢子长是卓越的共产主义战士，杰出的无产阶级革命家，优秀的中国工农红军指挥员，是陕甘红军和陕甘革命根据地的创始人之一。谢子长在长期征战中，多次负伤，1935年2月21日逝世。

③高洪轩，又名高宏轩，陕西省府谷县人，1928年加入中国共产党。1929年在府谷县以小学教员职业作掩护从事党的地下革命活动，1933年7月，参与神（木）府（谷）地区革命武装斗争的组织和领导工作，1936年6月29日，由于叛徒出卖，被国民党军逮捕，壮烈牺牲。

④渭华起义，1928年5月1日，在中共陕西省委和中共陕东特委的领导下，渭（南）华（县）地区农民在渭华原上分片召开群众大会，宣布举行起义，建立了区、乡苏维埃政权及武装力量陕东赤卫队。

⑤马锡五，1930年参加革命，历任陕甘边区苏维埃政府粮食部长、陕甘省苏维埃政府国民经济部长等职。新中国成立后，先后任最高人民法院副院长等职。1954年8月，当选为第一届全国人民代表大会代表，1962年4月10日在北京病逝。

⑥贾怀智，1927年加入中国共产党，1929年担任中共神木南乡区委书记。以小学教员、区教育助理职业为掩护，来往全区各村庄，发动群众，开展革命斗争，以暑期教师进修班名义开办党团员培训班。1934年6月，在山西省临县白文镇为游击队购买武器时，被国民党军逮捕，英勇就义。

⑦“天地神”窑遗迹，在传统的陕北窑洞民居中，窑外面墙壁上大约一人高处的墙壁上，掏挖出半尺深、1尺宽、2尺高、镶嵌了条石的专门供奉“天地神”的小窑洞。

第三章　投身革命

早在 1928 年，中共陕北第一次代表大会在绥德县苗家坪南丰寨召开，选举产生了中共陕北特别委员会后，领导共产党员、共青团员和广大群众广泛开展了多种形式的革命斗争。1928 年 5 月 3 日山东“济南惨案”发生之后，米脂县的学生举行集体游行，声援“济南惨案”中受伤的爱国民众。绥德县四十里铺 1000 多农民，在共产党员和共青团员的引导下，砸毁了国民党地方当局设在镇上的杂税局，烧毁了承包杂税的土豪勒索农民的账目。随后，绥德城区和近郊的 3000 多农民包围国民党县政府，要求减免赋税、救济灾民，国民党绥德县政府被迫答应了农民的部分要求。府谷农民在“不减租粮，不再种地”的口号下，开展抗租抗税斗争取得了胜利。之后，中共陕北特委又分派共产党员、共青团员到国民党地方部队中去，争取武装力量。中共陕北特委各委员即分赴陕北各县，进一步恢复和整顿党的组织，发动群众开展革命斗争，选派一些共产党员知识分子和党的培养对象派往各地农村，担任小学教员，利用合法身份做掩护从事秘密革命活动，组建秘密革命据点，建立和发展共产党的组织和革命群众团体。

1931 年“九·一八事变”后，日军侵占东北和国民党的不抵抗政策激起了中国人民的强烈抗议，一个声势浩大的群众性的抗日救亡运动也在三秦大地很快兴起。中共陕西省委作出《关于日本帝国主义出兵占领东三省的决议》,要求各级党组织在群众中开展反对日本帝国主义的宣传,在学生中成立反帝大同盟组织,将反帝特别是反日斗争和日常斗争同拥护苏维埃运动结合起来。10 月 10 日,中共陕西省委发出《为双十节告陕西民众书》,30 日发出《为日本帝国主义侵占满洲告陕西民众书》;11 月 15 日发出《关于反日救国会工作大纲》,号召工农群众行动起来,反对日本帝国主义的侵略和国民党反动派的卖国投降政策,指出反日救国会是反帝运动中各阶层群众的下层统一战线组织,要在其中建立无产阶级领导权,以争取、教育群众,打倒日本帝国主义,揭露国民党政府的卖国政策。陕西各界纷纷行动,各地先后举行有数千乃至数万人参加的抗日救亡大会,会后游行示威,成立抗日救国团体,抵制日货,掀起了波澜壮阔的抗日救亡运动高潮。

1932 年春末,沙峁镇第 3 高小被国民党查封后,王学礼按照中共地下党组织的指示,回到家乡,先后在中共地下党领导人贾怀智、王恩慧[①]的领导下,一边参加生产劳动,一边秘密开展革命活动。他积极参加了中共地下党组织领导的继续发动群众、组织群众工作,发展党团骨干,壮大革命力量,为开展武装斗争创造条件。

王恩慧也是王家庄人,按照辈分还是王学礼的长辈。由于这层关系和同出一个村联系方便,王学礼经常与王恩慧一起探讨革命工作,接受组织上分配的革命任务。他白天参加劳动,晚上利用说书讲故事等形式,宣传革命道理,启发劳苦大众,团结起来闹革命。当时的国民党反动当局横征暴敛,苛捐杂税多如牛毛,劳苦大众过着食不饱腹、衣不遮体的悲惨生活。为了揭露地主豪绅、官僚衙役残酷剥削压迫劳苦大众的反动本质,启发广大农民群众的阶级觉悟，王学礼经常翻山越岭，走村串户，和贫苦农民广交朋友。山里人对有文化的人是非常崇敬的，认为文化人有学问、懂得多、见识广，不论是国家前途，还是家庭琐事，都愿意听听王学礼的意见，让他给拿个主意。王学礼就利用这样的有利条件，访贫问苦、宣传革命道理。每逢赶上庙会，只要条件允许，他就赶到现场演说，播撒革命火种。

多少个夜晚，山山峁峁罩上了一层浓重的暮霭，一轮弯月贴着山脊，泛着清冷月光的时候，劳累了一天的人们，总是喝上几碗稀薄的小米粥，披上破旧的羊皮袄，陆陆续续走出家门，沿着蜿蜒的小道，汇聚到王家庄村小学的窑洞里听王学礼和中共地下党员“说书”。久而久之，人们互相转告，王家庄附近的几个村庄也有不少人从一二十里外赶来听“说书”。犹如山涧涓涓流淌的一条条小溪汇入大河一样，几个月的工夫，王家庄村小学就变成了全村最有吸引力的地方，成为革命者宣传革命道理，发动人民群众的主要场所。王学礼和老师们以讲《水浒传》《三国演义》故事等为名，宣传革命主张，深得穷人们的欢迎。乡亲们挤坐在教室里的木凳子上，来晚了的人就拣个空地，脱下鞋垫在屁股底下席地而坐。搁置在简易讲台上的一盏油灯，闪着微弱的光芒，整个窑洞里显得昏暗而模糊，可大家听说书人讲故事的兴趣丝毫不减。王学礼在讲故事的时候，经常满怀激情地说：“共产党是为咱穷苦大众打天下、谋利益的。乡亲们，大家要团结起来，跟着共产党，打倒土豪劣绅，铲除封建制度，把这不公平的世道翻个过儿。有共产党给咱们穷人带头领路，受苦人就一定能过上好日子……”这些话，在乡亲们的心里像是点燃了一盏明灯，亮堂多了。为了更加广泛地发动群众，积极扩大共产党的影响，王学礼和几位老师把《列宁主义浅说》《苏联社会主义革命胜利》等马列主义的通俗读物刻印成64开本大小、便于携带的小册子，分发给前来听说书的人。有时候，他们还运用快板书、顺口溜、信天游等群众喜闻乐见、通俗易懂的方式宣传革命，发动群众，让大家一听就懂，一记就牢。

每次听完说书，要回家的人们还不尽兴，常常要在山道上吼一嗓子信天游、顺口溜。当时有一段顺口溜这样唱道：

年头不好柴米贵，
出了粮钱又出税，
债主来了怕成鬼，
衙役来了不能提，
要租子的来了更吃亏，
大屯子里盘小屯子积，
所有的租子都要齐。
男人哭，女人泣，
娃娃饿得乱不离。
农民都要团结起，
打倒地主和豪绅，
还有贪官和污吏，
大众才能出了气！

群众的革命热情被点燃了，为了使群众看到团结起来的力量，王学礼和一些中共地下党团员，开始组织群众进行抗税斗争。每当得知国民党县政府派人来催粮缴税，他们就挨家挨户地转告乡亲们，动员大家坚壁清野，暂时撤离村寨。王家庄一带山大沟深、交通不便，离县城有90多公里的山路，国民党当差的好不容易来到村子里，收不到税、抓不到人，经常饭也吃不上，只好狼狈地回县城交差。抗税斗争的初步胜利，使王家庄一带的群众减轻了生活负担，穷苦大众也看到了革命的力量，更加拥护和支持共产党的革命主张和活动。

1933 年 2 月，在火热的革命斗争中，年仅 17 岁的王学礼也逐渐成熟起来，中共地下党组织根据他的表现和要求，批准他光荣地加入了中国共产党。在王家庄村小学的一间土窑洞内，王学礼面对着墙上挂着的一面用红布和黄纸做成的党旗，庄严地宣誓：我志愿入党，服从组织，严守机密，努力革命，牺牲个人，永不叛党……宣誓后，王学礼紧紧握着入党介绍人贾怀智老师的手，激动而又坚定地说："贾老师，我现在是共产党的人了，党叫我干啥我就干啥，我要为共产主义奋斗终身。请党组织相信，为了党的事业，我不惜牺牲个人的一切……"

7 月，中共陕北特委明确提出了大力开展游击战争，建立革命根据地的任务。会议决定首先在安定、绥清、神府三个游击区域开展游击战争，创建革命根据地。这年农历八月二十九日，中共神木县南乡区党委根据中共陕北特委的指示，派区委书记贾怀光②在神木县温家川山上的一个小村尚家崈，成立了神府地区第一个共产党领导的武装组织——特务队。农历十一月初七日，根据中共陕北特委的指示，在松树峰将特务队改编为工农红军游击队第 3 支队，采取秘密活动的方式，打土豪、抗税捐、镇压反革命分子。每次活动后都贴出布告，公布反动分子的罪行，写明共产党的政策。王学礼受中共地下党组织的指派，积极与红军游击队第 3 支队联系，在王家庄一带群众中宣传红军游击队武装革命的事。共产党领导闹红军的事儿，像一股强劲的春风，吹遍了神木县的三乡五寨，群众中纷纷传说红军有“顺风耳”“千里眼”，长着“飞毛腿”，谁干坏事都能听到、看到，说不定什么时候就会来惩处。红军的活动、神奇的传说，使反动分子吓破了胆，地主不敢收租了、高利贷者不敢逼债了、收债的狗腿子不敢下乡来了，纷纷跑到驻有国民党军队的村镇躲起来了。武装斗争的开展，动摇了国民党反动政府在乡村的统治，使敌人又恨又怕。

1933 年冬至 1934 年春，国民党神木县县长和国民党军第 86 师 512 团团长罗德新进驻贾家阳崖村，联合驻神木、府谷、葭县（1964 年 9 月改为佳县）等地的国民党军队和反动民团，对神府地区的红军游击队进行有计划的“清剿”。但是，在革命群众的掩护下，红军游击队的活动神出鬼没，今天到东山打土豪，明天到西山镇压反革命，国民党军队只听说有红军游击队的活动，却见不到红军游击队的影子，哪里出了事就往哪里跑，穷于应付，十分被动。

1933 年农历腊月的头几天，山风呼号，大雪纷飞，狂啸的寒风卷起漫天的雪尘，在王家庄上空盘旋扑打，一片肃杀冷落的景象。王学礼刚准备出门，到村小学去打探红军游击队第 3 支队的消息。这时，忽然听到院门外有咚咚咚的敲门声，他急走几步，打开门。门外有个个头不高、衣衫褴褛，身体瘦弱的人，右手拄着打狗棍还是站立不稳，显得疲惫不堪。王学礼将来人上下打量了一番，正要问明来历。来人抢先搭话，吃力地说要讨口饭吃，但眼中投过来探询的目光，又不完全像是讨饭的人。王学礼意识到这人会不会是游击队第 3 支队派来的联络员呢？前些日子，中共地下党组织通知说，红军游击队的部分同志要到他家住几天。王学礼试探着说出联络暗号，对方回答上了，果然是红军游击队第 3 支队的联络员来了。王学礼家主窑上的娘娘庙，是村里人求儿乞女的地方，平时没有人去。几天前，他为了迎接游击队的到来，早就偷偷地在娘娘庙里备好了烧炕的柴禾和被褥。于是，王学礼急忙把红军游击队第 3 支队的联络员领到娘娘庙里安顿好，又想办法偷偷地去找来吃的东西。

快过春节了，家里杀了猪，做了小米干饭。王学礼盛了一大碗小米干饭，又夹了几块肉放在碗里，端到娘娘庙里倒进联络员的碗里，这才顾得上说几句嘘寒问暖的话。看联络员狼吞虎咽地吃过饭之后，他才悄悄地溜回家，再盛上一碗饭自己吃。王学礼的奶奶挺奇怪，看到孙子今天吃饭这么快，还以为是“棉壳虫”常年没吃上几顿饱饭的缘故，疼爱地劝孙子慢慢吃、多吃点。

几天后，红军游击队第 3 支队的联络员养好了身体，交代完任务走后，王学礼这才试探地问父亲王恩茂：“爸，听说游击队要进驻王家庄，如果游击队要住咱家，你同意吗？”父亲坐在炕头上，抽着旱烟，好久都一声不吭。其实，王恩茂早已经看出儿子参加了共产党的活动，平时也不过问，这都是为穷人办好事，可是官府的人知道了是要杀头的。面对这样的事，当父亲的怎么说呢？现在，儿子公开挑明了，是答应还是不答应呢？思前想后，王恩茂还是答应了，但一再嘱咐儿子要小心，说：“娃呀，你们干的事我知道，是为穷人好，可你也要小心啊，千万别惹祸上身啊。”王学礼感激地看着父亲，一再保证要小心，不给家里人惹祸。红军游击队第 3 支队员要来的事被王学礼的大伯知道了，这个老实、本分的庄稼人，只想靠自己的劳动安安稳稳地过日子，生怕红军游击队员真的住进家里来，万一走漏了风声，让国民党的人知道了，那全家人的性命可就难保了。于是，王学礼的大伯就竭力劝阻红军游击队员来家里。还没有等到王学礼做好大伯的思想工作，红 3 支队在孟家墕杀了地主孟国栋后，由王恩慧带着七八名游击队员,在一个深夜悄悄地转移到王学礼家休整。

王学礼全家人腾窑洞、烧热炕,拿出准备过年吃的猪肉和仅有的几斤白面招待红 3 支队游击队员。游击队员吃饱了饭,躺在热炕上,不一会儿就睡熟了。王恩慧热情地把王学礼拉到身边坐下,传达了这一时期党的工作指示,介绍了红 3 支队开展武装斗争的情况,还从文件包里拿出几份党的地下刊物送给他学习。王学礼被红 3 支队打游击、歼灭敌人的事迹所鼓舞,羡慕地抚摸着炕沿上的步枪,请求组织批准他加入红 3 支队。王学礼说:“我要参加红 3 支队,拿起武器,真刀实枪地跟敌人干。请组织上答应我的请求吧!”王恩慧点头答应了,语重心长地叮嘱王学礼,要认识到现在红 3 支队的力量还比较薄弱,从进行武装斗争的长远需要考虑,要求他继续留在王家庄村,进一步做好发动群众的工作,迎接神府地区革命新高潮的到来。

夜深了,王学礼和王恩慧还在说话,冷不丁有个身披一身积雪的人推门进了窑洞,没头没脑地说:“交过夜了,你们该歇歇了。”王学礼看到是大伯,急忙光脚跳下炕头,拍打大伯身上的积雪,感激地说:“大伯,快上炕,暖和暖和。”大伯看着王恩慧,说:“有话明天再说,不要耽误王先生歇息。”说完,转身就走,临出门时又说:“王先生,你放心睡觉,我把你们留在路上的脚印扫了,村庄里也没有什么动静了。”王学礼久久望着大伯消失的背影,关上门,回头自言自语:“大伯昨天还怕游击队员住在我们家会惹祸上身,怎么现在还给游击队望风、放哨呢?”王恩慧深有感触地说:“学礼,我知道你大伯是个好人。学礼啊,群众是我们革命的基础,只要有千千万万的群众支持,革命就一定能够成功!”王学礼点了点头,轻声念叨:“大伯,大伯……群众是我们革命的基础,是我们红 3 支

刘志丹（1903—1936）

队的依靠……”

红3支游击队员在王学礼家里平平安安地住了半个多月，队员们消除了连续作战的疲劳。这时候，人们已经过完了春节，敌情也发生了变化，红3支队要去执行新的战斗任务，这才告别王学礼和他们家里的人。打那以后，王学礼家便成了红3支队的秘密交通站，成为共产党工作人员“温暖的家”了。

在刘志丹[③]等人领导创建陕甘边革命根据地[④]的同时，中共陕北特委在中共陕西省委、中共河北省委、中共中央北方局、中共中央驻北方代表的领导下，带领陕北人民创建了陕北革命根据地。1933年7月23日，中共陕北特委第四次扩大会议举行，提出要在陕北大力发展游击战争，建立和扩大游击队；通过陕北党的政治任务决议案，组织决议案、军事工作决议案；选举产生新的中共陕北特委。这次会议，标志着陕北地区的武装斗争已经转向全面创建红军的新时期，是农村包围城市道路的一个转折，对后来陕北党、红军、革命根据地乃至陕甘革命根据地的建设和发展都产生了较大的影响。

中共陕北特委最早创建的第一支工农武装是中国工农红军陕北游击队第1支队。

1932年3月12日，延川县刘善忠、高朗亭、杨秉权、高文清等人智取清涧县淮宁湾的民团，缴获了民团邱树凯的6支步枪，于13日成立了中国工农红军延川游击队。不久，红军延川游击队开展了清算绥德地主白登高的斗争，袭击了永坪镇刘广汉民团，缴枪10余支。4月初，红军延川游击队更名为中国工农红军西北先锋队。10月中旬，中共陕北特委将中国工农红军西北先锋队改编为中国工农红军陕北游击队第9支队，并确定其任务为："解除豪绅地主武装，武装工农劳苦群众，彻底执行土地革命，并创造陕甘新苏区。"

1933年5月10日，红1支队南下陕甘边苏区，随红26军活动。月底，红1支队返回陕北，在安定西区、北区建立了以李家岔为中心的小块游击根据地，并建立了十几个赤卫队。9月，红1支队二次南下陕甘边苏区，先后配合红26军攻打旬邑县张洪镇和甘肃合水县城。后来，红1支队返回安定，在枣树坪、温家坡两次战斗中接连失利，部队被打散，红1支队游击队员分散隐蔽。同年8月5日，陕北红军游击队第2支队在清涧县王家山成立。不久，红2支队镇压了绥德县南区反动区长薛永通，没收了他的财产，并出示布告，历数其罪恶。

1934年1月21日，红2支队在红1支队部分人员配合下，袭击清涧县解家沟国民党军据点获胜，镇压豪绅、地主、国民党收款委员9人，绥、清边界为之大震。22日，中共中央驻北方代表派驻西北军事特派员谢子长返回陕北，着手在国民党军的"清剿"中恢复了红1支队，继续坚持打击土豪劣绅，摧毁地方保甲，消灭小股民团的斗争。4月下旬，中共陕北特委在绥德县王家沟赤卫队的基础上，组建了陕北红军游击队第5支队，配合红2支队开辟绥德、清涧、延川东区游击根据地，使绥德南区成为全县的中心苏区。中共陕北特委非常重视对陕北红军游击队的领导，在每个支队都建有党支部、队委会。在共产党和红军游击队公开活动的地方，村有赤卫队，区有游击小组。到了10月中旬，赤卫队的组织在神木有5000余人，佳县、吴堡各1000余人，绥德300余人，清涧5000余人，安定、横山西区、安塞、靖边共3000余人。共产党领导的赤卫队组织有土炮、土枪、长矛、大刀等武器。赤卫队组织维持地方治安、肃清反革命，积极配合游击队作战。为了解决陕北红军游击队、赤卫队缺乏武器的问题，一些县、乡还建有地下兵工厂，为游击队、赤卫队生产枪支弹药。

1934年2月，在陕北轰轰烈烈的革命武装斗争中，王学礼根据中共神木县委关于发展游击战争、开辟红色村庄、积极创建苏区的指示精神，在党组织领导下，在王家庄一带村庄积极建立贫民团、雇农工会、儿童团、妇女会、赤卫队等群众组织，还秘密发展共产党员，建立党的支部。5月份以后，随着革命武装和根据地的发展，共产党的地下力量逐渐由秘密活动转为公开活动，在红3支队的支持下，王学礼组织广大群众开展武装斗争。

6月20日，中共地下党组织得知国民党军团长罗德新指使神木县城西沟商人用20多头骡马，从山西太原驮回几百匹布做投机生意，近日骡马队要路经菜园沟、王家庄一带的山区。王学礼得到党组织传达的消息后，立即组织王家庄周围各村的中共党员和赤卫队员，发动数百名群众联合作战，以铁锹、锄头为武器，用仅有的一支枪在王家寨设伏。当骡马队进入伏击圈后，随着几声清脆的枪声，几百名赤卫队员和群众挥舞着大刀、长矛、铁锹、锄头，从四面八方呐喊着冲出来。王学礼手握一根大木棒冲在最前面，国民党军队的护送班见人多势众，仓皇逃窜。王学礼和大家兴高采烈地将骡马赶到农家院子里，把布匹全部卸下来，由中共地下党的负责人将布匹全部散发给这一带的贫苦百姓。

王学礼组织的夺布战斗胜利后，国民党军团长罗德新恼羞成怒，命令驻盘塘的第四连连长鲁仰民，出动两个排的兵力“围剿”菜园沟。红3

支队和中共地下党打入敌军中做兵运工作的同志内外配合，再次设伏，迫使前来“围剿”的国民党军队全部缴械投降，解救了被围困的群众。不甘心失败的国民党军队，又派出1个连的兵力到出事地点的附近村庄“围剿”搜查，更加疯狂地报复，在菜园沟残酷地杀害了17名革命群众，其中还有一个15岁的孩子。被迫在山洞里躲了两天的王学礼，听到噩耗后义愤填膺，毅然决定投奔中国工农红军陕北游击队第3支队，直接参加武装斗争。

鉴于王学礼的中共党员身份已经暴露，中共党组织安排他去参加红军陕北游击队第3支队。从此，王学礼告别家乡和亲人，走上了武装革命的道路，随同红3支队转战于神府地区。

王学礼临走的那天，他把在沙峁镇第3高小读书时私拿家里的大烟土交团费的事告诉了父亲。王恩茂不但没有责怪儿子，反倒支持他去找红3支队，跟共产党走。

当时，王学礼和杨富梅结婚才三四个月。杨富梅是王学礼的远房姑表亲，在他们还不懂事时就定了娃娃亲。那个年代，神木一带的山区盛行早婚，杨富梅15岁就嫁到了王学礼家。这个小脚女人，没有文化，但为人贤惠、忠厚，也孝敬老人。年少的王学礼一直不满意这门父母包办的婚姻，认为夫妻之间没有感情基础，缺乏共同语言。因此，婚后的王学礼与杨富梅很少说话……

当王学礼要离家时，杨富梅悄悄地递过来一个小包袱，里面包着几件洗净补好的衣服和两双她日夜赶做的新布鞋，还把两块大洋硬塞在王学礼的手里。王学礼看着眼泪汪汪的杨富梅，主动表示了对妻子的歉意，并答应经常捎信回来，等有机会就来与家人团聚。

陕甘革命形势的迅速发展，使国民党反动派坐卧不安。为了扑灭熊熊燃烧的革命烈火，蒋介石于1934年10月开始调集兵力，对陕甘革命根据地发动第二次军事“围剿”，神府苏区被作为重点围剿的地区之一。为了配合国民党军队进攻神府革命根据地，各地的民团、铲共义勇队、常备队等反革命武装纷纷出笼。各村庄的地主恶霸、土豪劣绅、地痞流氓也乘机组织还乡团，疯狂地向苏区人民反攻倒算，革命根据地笼罩在一片白色恐怖之中。凶残的国民党反动当局采取军事镇压和政治欺骗相结合的手段，残酷围剿红军，血腥屠杀共产党员和革命干部群众，强迫着合并村庄、清查户口，推行“铲共灭红”的保甲制。同时，国民党反动当局还鼓吹“反共宽大”政策，胁迫共产党的工作人员和亲属办理自首手续，企图瓦解革命力量，达到摧毁陕北革命根据地和消灭红军游击队的目的。王学礼离别家乡才三四个月，王家庄就被国民党军队第86师512团占领。国民党军队在王家庄一带修筑了碉堡，作为到周围村庄清剿红军的重要据点，长期驻扎1个连的兵力。为了尽快查出红军游击队家属，国民党军队挨家挨户查夜，如果谁家有十六七岁的女孩子，就要查有没有丈夫。如果谁家长大的女孩子没有丈夫在家，就被怀疑是红军游击队家属，强迫另外嫁人，若是不顺从，全家人就要遭殃。王恩茂一家为了保护杨富梅，每天都为她的安全犯愁。村里有几个穷光棍没娶妻，王恩茂就跟人家说好话，让杨富梅冒充是别人的妻子，好歹挤在人家的炕角上，熬过一个个危险的时刻。杨富梅也宁死不愿改嫁，日夜盼着红军游击队，盼着王学礼早日归来。

王学礼离别家乡后，也曾给家里捎过几封信。在烽火连天的岁月，由于种种原因，家人没有收到王学礼的一封信。国民党军队占领王家庄后，关于王学礼的消息,人们纷纷猜测,有人还怀疑说王学礼已经牺牲了。王恩茂一家人为王学礼杳无音信伤心,更为杨富梅担心。国民党军队从叛徒嘴里探听到王家庄有3个红军的妻子,准备动手抓人。这消息被在国民党军队干活的一个乡亲得知,及时告诉了杨富梅。万般无奈下,为了保全家人的性命,杨富梅被迫离开了王家。

后来,陕甘红军游击队主力开赴晋绥打开抗日通道,路经神府地区,接连打了几个胜仗,拔掉了国民党军队的几个主要据点,粉碎了反动派的军事"围剿",恢复和巩固了神木革命根据地,杨富梅常来看望王学礼的父母亲,帮助干些家务活。在王恩茂一家人的劝说下,杨富梅在三年多没有王学礼消息的情况下,重新组建了家庭,也参加了革命……

陕甘地区红军游击队的迅速发展,革命政权的纷纷建立,红色割据局面的不断形成,引起了国民党陕西当局和国民党军阀井岳秀的惊恐和不安,开始对革命根据地连续进行疯狂的军事"围剿"。陕北军阀井岳秀所部第65师在地方民团的配合下,用1万多人的兵力,以连、排为单位,分路进攻,联合出击,对陕甘革命根据地进行了疯狂的"围剿"。国民党军在绥(德)清(涧)中心地区的清涧县城、高杰村、河口、店则沟等地驻扎重兵,修筑寨堡、建立据点、组织保甲⑤,破坏赤色村庄,捕杀共产党员和革命群众。面对国民党军队的大规模"围剿",陕甘革命根据地的红军游击队奋勇抵抗,但由于缺乏统一部署和指挥,兵力分散,加之敌我双方力量悬殊,以致反"围剿"斗争遭受重大损失。王学礼耳闻目睹了国民党军所到之处杀害共产党员和革命志士的残暴血腥。在国民党军的疯狂进攻面前,中共陕北特委根据实际情况,决定加强对陕北红军游击队的统一领导和指挥,集中力量,进一步开展游击战斗,粉碎国民党军的"围剿",保

阎家洼子会议旧址

卫根据地。王学礼紧随红3支队开展游击战，积极寻找机会打击敌人。

1934年7月8日，中国工农红军陕北游击队总指挥部在安定县杨道峁成立。7月中旬，总指挥部以红1、2、5支队为主力，在200多名赤卫队员配合下，向安定县城发起进攻。17日，陕北红军游击队攻入安定县城，打开监狱，释放被监禁的共产党员和革命群众200多人。安定县城战斗胜利后，总指挥谢子长率部南下陕甘边，于25日与红26军42师会师，在南梁阎家洼子召开两军连以上干部联席会议，决定红42师3团转战陕北，配合陕北红军游击队粉碎国民党军对陕北根据地的“围剿”。

8月15日，谢子长率领红26军42师3团(300余人)及陕北游击队第1、2、5支队返回陕北根据地。17日，王学礼所在的红3支队和陕北红军游击队南北夹攻，首战安定县景武家塌，毙国民党军30多人，俘80多人，缴长短枪100余支。景武家塌大捷后，红军游击队挥戈东进，经过南沟岔、老君殿，于22日到达绥德县张家圪台。国民党军驻店子沟1个排扑来，被陕北红军游击队全歼，同时击溃从薛家峁来援之敌。红军游击队乘胜向东南，北上攻打横山董家寺，击溃敌军1个营。经过景武家塌、张家圪台、河口镇和董家寺等战斗，红26军和陕北红军游击队在近1个月的时间里，拔掉国民党军据点3个，击毙国民党军200余人，俘100余人，缴获步枪160余支。与此同时，在神府、佳吴地区活动的红2、4、6等支队，也积极寻机作战，打击国民党军。加之国民党军不断哗变，也减弱了力量，国民党军对陕北根据地的军事“围剿”被粉碎。

1934年9月陕北红3支队在神木县沙峁镇王家庄改编为陕北红军独立第3团

9月，中共陕北特委撤销了陕北游击队总指挥部，组建了陕北红军第1、2、3团。在红军游击队不断扩大，根据地迅猛发展的形势下，按照中共陕北特委的指示，18日在神木县一区的王家庄，王学礼所在的红3支队改编为陕北工农红军独立第3团。之后，王学礼随红3团积极主动地打击敌人，转战于神府地区，队伍发展壮大到400多人。

同年秋末，为了加强中国共产党对武装斗争的领导，急需培养一批骨干力量。由于王学礼思想进步、作战勇敢，中共神木县委派他到安定县陕北特委党团员学习班学习。

王学礼日夜兼程，穿过国民党军队的层层封锁线，顺利到达安定县城陕北特委党团员学习班所在地报到，开始接受中共党组织严格的教育。

注释：

①王恩慧（1911—2003），又名王恩惠，曾用名子凡。1911 年 5 月 12 日生于陕西省神木县王家庄村。1929 年 10 月加入中国共产党。1931 年起历任村党支部书记、区委书记、县苏维埃副主席，陕西省神府工委委员兼神木东县县委书记、葭芦县委书记、神府特委秘书长，陕北红军独立 2 师秘书长、政治部主任等职。神府苏区的主要创始人之一，并当选为中共七大候补代表，光荣地出席了中国共产党第七次全国代表大会。

②贾怀光（1905—1981），陕西神木县人。1927 年加入中国共产党。神木南乡第一个农村党支部建立时，贾怀光任党支部书记。1934 年 3 月成立了中共神木县委，贾怀光当选为县委书记。1936 年神府特委成立，贾怀光任军事部长。1937 年抗日战争爆发，贾怀光随独立师奔赴晋西北抗日前线。1952 年任陕西省公安厅副厅长。

③刘志丹（1903—1936），出生于陕西省保安县（今志丹县）金汤镇，名景桂，字志丹（原为子丹）。刘志丹是卓越的无产阶级革命家、军事家，是陕甘红军和陕甘革命根据的创始人之一。1936 年 4 月 14 日在山西中阳县三交镇战斗中牺牲。

④陕甘边革命根据地，20 世纪 30 年代，经过以刘志丹、谢子长、习仲勋为代表的共产党人艰苦卓绝的奋斗，创建了以南梁为中心的陕甘边革命根据地，这是共产党人在北方最早创建成功的根据地。成为土地革命战争后期全国范围内“硕果仅存”的完整革命根据地。

⑤保甲制：始于宋代王安石变法时期的一种军事制度。1932 年，蒋介石在河南、湖北、安徽三省颁布《各县编查保甲户口条例》，规定以户为单位，10 户编为 1 甲，设甲长；10 甲编为 1 保，设保长。在保甲内，实行各户互相监视和互相告发的连坐法。1934 年，国民党政府将保甲制在它的统治区内全面推行。

第四章　少年先锋

1935年1月初，中共陕北特委将陕北红军第1、2、3团合编为中国工农红军第27军84师，师长杨琪[①]，政委张达志[②]，下辖3个团。经过3年多的艰苦奋斗和浴血奋战，陕北革命根据地建立了安定、清涧、神木、佳县、吴堡、绥德、赤光、秀延、延水等9个苏维埃政权，形成了神（木）府（谷）和绥（德）清（涧）两块苏区。期间，党组织选派正在中共陕北特委党团员学习班的王学礼到红军第27军工作，任红军第27军84师1团少年先锋连政治指导员，红84师政委张达志亲自带王学礼到红84师1团少年先锋连上任。

少年先锋连是一支年轻的红军队伍，在党的领导下，跟随红27军打土豪、分粮食，发动群众，消灭反动势力，创造了许多可歌可泣的英雄事迹。直至今天，一提起当年少年先锋连的那些娃娃兵，陕

神府苏维埃政府、中共神府特委等机关所在地旧址

北的父老乡亲总是竖起大拇指说:“少年旋(先)风(锋)连嘛,人小志大,打起仗来个个是神兵哩!”

当时,红27军走到哪里,都有许多穷苦人家的娃娃要求参加革命,怎么劝都不走。于是,红27军就将不满18岁的娃娃兵们专门组成1个连队,等娃娃们长大了,再编入正规连队。少年先锋连初建时,有60多人,编为2个排,战士大多是十五六岁,最小的只有十二三岁。红27军军部首长刘志丹十分关心少年先锋连的“红小鬼”。由于枪支较少,一部分小战士只有一把大刀或两颗手榴弹。每当行军、打仗时,少年先锋连队伍前面都由连队的旗官高举着一面红旗。这面旗的穿旗杆处是白布做的,旗帜是红布做的,上面镶缝着一行醒目的大字:“中国工农红军第27军84师1团少年先锋连。”指导员王学礼和连队的干部,带领这支新生力量,跟着刘志丹打游击、开展群众工作。

红军第27军的生活非常艰苦,缺衣少食,生活没有保障。每天行军作战,日晒雨淋,白天吃不上饭,也没有干粮,只有等到晚上进驻村庄,才能到老乡家里找点粮食充饥。常常在天不亮的时候红军就要转移,红军指战员经常饱一顿饥一顿,有时还会断粮。夜晚宿营,娃娃兵们身不脱衣、马不解鞍,天当被地当床,怀抱武器进入梦乡。每次战斗,当冲锋号一响,王学礼带领少年先锋连的娃娃兵们奋勇冲杀,不怕流血牺牲,直到战斗的最后胜利。在艰苦的环境中,王学礼以极大的革命热情,把苦大仇深的小伙伴们紧紧团结在一起,利用自己学到的知识,主动当起了义务教员,经常组织战士学文化、教唱革命歌曲、讲述革命道理,把少年先锋连带得朝气蓬勃,生龙活虎。少年先锋连不论是出操、上课,还是训练、行军,走到哪里,战斗的歌声就唱到哪里。全连上下情同手足,亲如兄弟,东西不分你我使用。你没鞋穿,我有就送给你穿,谁的衣服破了,有人会主动送给衣服,大家和睦相处,团结战斗,在艰难困苦的战斗岁月里,没有一个人开小差。

那时候,少年先锋连的宿营地常常靠近红27军总指挥部,给红军机关站岗、放哨,红27军首长刘志丹和其他领导同志经常抽空来看望“红小鬼”们。每逢群众送来慰问品,刘志丹总要优先分给少年先锋连一部分。王学礼与少年先锋连的小战士们见到刘志丹就唱起他们编排的歌谣:

刘志丹,是好汉,
精脚片子打裹缠。
刘志丹,是好汉,
不拿架子满和善。
半月二十常见面,
和咱相处好熟惯。

每当刘志丹来到少年先锋连,王学礼和小战士们都亲热地依偎在他的身旁,聆听革命道理,心里别提多畅快了。刘志丹还常和“红小鬼”们开玩笑,拉家常,用手指点着他们的小脑袋,叫这个是“小鬼头”,叫那个是“小捣蛋”,小战士们也都亲切地称他“老刘”,他总是乐呵呵地答应着。行军途中,当刘志丹遇到少年先锋连时,都要高兴地喊道:“‘红小鬼’们给大家唱个歌!”唱歌可是少年先锋连的拿手好戏,在王学礼的指挥下少年先锋连的小战士们就亮开嗓子唱《少年先锋队队歌》和革命歌曲。嘹亮的歌声,立刻在山川沟壑中回荡起来……

刘志丹是中国工农红军高级指挥员,大革命前后,他与谢子长等同志在西北各处搞革命活动，组织游击队，开展游击战争，发动土地革命，建立苏维埃政权，创建了陕甘边苏区革命根据地。

无数当牛做马的揽工汉、缺衣少穿的放羊娃、赶牲口的穷脚户，挨打受气的童养媳，在革命红旗下集合起来，拿起镢头、铲子、长矛、大刀、土枪，跟着刘志丹猛烈冲向旧世界。当时王学礼他们唱道：

红云飘飘满天空，
陕北又出李自成。
千里雷声万里闪，
名字就叫刘志丹。
刘志丹，闹共产，
日走山林夜走川，
走庄串户做宣传，
穷人纷纷扛枪杆。
陕甘边界三不管，
发展革命是源泉。
刘志丹走过那条川，
大人娃娃挺腰杆。
打土豪，分田地，
穷人再不受地主的气……

刘志丹爱人民，人民拥护刘志丹。老百姓把自己十四五岁的孩子送到刘志丹的队伍当红军队员，一百个放心。行军中，小战士走不动了，刘志丹常常把自己的战马让出来给娃娃们骑。在他和红27军指战员的关怀下，王学礼带领的娃娃兵打仗十分英勇，老百姓把少年先锋连称为“旋风队”，形容打仗快如旋风。后来，随着娃娃兵们的年龄、知识和军事才能的提高，少年先锋连的许多“红小鬼”逐步成长为连、营、团的战斗骨干和干部。

王学礼非常爱戴和崇拜带领他们闹革命的刘志丹和一个个老红军，时时刻刻以他们为学习的榜样，还经常把刘志丹和老红军的故事讲给小战士们听。

刘志丹曾率领部队来到过清涧县，乡亲们听说刘志丹来了，纷纷来看这个传奇式人物。这时候正值春节期间，乡亲们拿着红枣、馍馍、鸡蛋，还有人把供果之类的东西也拿来了。人群中有个70多岁、双目失明的老奶奶，用颤抖的声音说要看看刘志丹长什么样。众人笑着问她怎么能看到，老人说：“我看不见，但能摸着呀！”刘志丹赶快俯身到老人跟前。老人抚摸着刘志丹，一连声地喊：“老刘、老刘……”

1935年1月，刘志丹率部北上到达陕北安定县，同谢子长（因伤势严重于2月21日逝世）领导的红26军部队会合。2月5日，中共陕甘边特委和陕北特委在周家崄举行联席会议，决定成立中共西北工作委员会、中国工农红军西北革命军事委员会。从此，红26、27军在中共西北革命军事委员会主席刘志丹等人的统一领导和指挥下，逐步成长壮大为中国工农红军的一支重要力量。

周家崄会议遗址

在朝夕相处的日子里，刘志丹的坚定革命信仰和高尚人格风范，深深地留在王学礼的记忆里。刘志丹同志非常关心爱惜少年先锋连，在作战中轻易不使用这个连队，大多让他们担任一些宣传、勤务、打扫战场、押送俘虏的工作。王学礼经常代表全连小战士缠着刘志丹要求参加战斗，要求在战斗中提高军事本领。偶尔遇到一些小的战斗，刘志丹就让少年先锋连选派少数身强力壮、作战勇敢的战士参加。很多时候，少年先锋连是担任预备队的任务，但战斗打到关键时刻，战斗连队伤亡大的时候，少年先锋连就立即上去支援。王学礼因为个头较高、身体壮实，经常参加战斗，带领娃娃兵冲锋陷阵。

在战斗中，王学礼的许多年轻的小伙伴，英勇作战、流血牺牲，有的献出了宝贵的生命。王学礼和他带领的少年先锋连，只要听说有战斗任务，小战士们都抢着去，不让去就偷着去。那时，少年先锋连有一条不成文的规定，谁打仗缴获的枪支就归谁扛。要是不亲手夺下敌人的一杆枪，经常背着大刀、拿着手榴弹，小战士们就觉得脸上无光。作战时，要是谁胆小怕死，不敢往上冲，战斗结束后就会被小伙伴们团团围住，用手指着骂“菜狗”，受到大家严厉的批评。在一次战斗中，王学礼的左手受伤，他咬紧牙关，忍着疼痛，从衣角上撕下一块布，包扎住伤口，举起驳壳枪继续指挥战斗，胜利完成了战斗任务。战后，王学礼被送到根据地的一位老乡家养伤，一个多月后又自觉返回部队。

王学礼的勇敢、机警，深受刘志丹和其他首长的喜爱。王学礼的右额头上有块指甲盖大的黑斑，刘志丹亲热地叫他“黑羊羔”（羊羔是陕北人对青少年的昵称）。从此，他这个“绰号”就在同志们中间传开了。王学礼为自己有这个刘志丹起的绰号而感到荣幸。每次打了胜仗，王学礼就到刘志丹的住处为连队讨要一些罐头、饼干等战利品。刘志丹在条件允许的情况下，也会主动吩咐老伙夫买些猪肉和几样土特产，犒劳少年先锋连的“红小鬼”们。

在行军作战的间隙，王学礼和少年先锋连的干部战士，还抓紧各种机会，写标语、贴传单，向群众宣传革命道理。当时为了动员广大妇女摆脱几千年来的封建枷锁，根除缠小脚的陋习，提高妇女的革命觉悟，王学礼他们编写了这样一段情深意长、打动人心的信天游，在所到之处经常给老百姓教唱：

开言说一声，妇女们都来听，
留下那缠脚害了全国的人，
好肉缠成死肉筋，
小脚多得噢哈嗯。
白军来围剿，小脚不能跑，
大脚倒比小脚快十分，
砍柴担水好运动，
男女闹个（噢哈）革命。

1935年春，少年先锋连随红84师1团首战安定县南岔沟，在伏击战中歼灭国民党军队1个加强连，击毙俘虏敌人100多人，缴获机枪3挺、步枪100多支，打击了敌人的嚣张气焰，巩固了安定根据地。接着部队东渡无定河[③]，在清涧县高杰村再次歼灭敌人1个连，并在贺家湾截住敌军去延川领饷归来的1个连，将其全部“报销”，并缴获了大量银元。这“三战三捷”，给敌人以有力的打击，为西北红军彻底粉碎敌人“围剿”创造了有利条件。红军在人民群众的大力配合下，集中优势兵力，运用灵活机动的战略战术，巧妙设伏，诱敌深入，打歼灭战，取得了一系列的胜利，改善了装备，提高了部队的战斗力。

西北红军的日益发展，革命根据地的不断扩大，使国民党反动派惊恐不安。1935 年 4 月，国民党军开始了对西北红军大规模的分区“围剿”，采取修碉堡驻扎据点，步步为营、稳扎稳打、分区清剿，企图摧毁陕甘苏区、消灭西北红军。西北红军在刘志丹同志的领导下，展开了艰苦卓绝的反“围剿”斗争。

5 月 2 日，获悉国民党军队第 84 师 5 团 1 营进驻杨家园子，正在构筑工事，建立据点，企图控制清涧至瓦窑堡之间的交通，向周围地区进行“清剿”。西北红军前线总指挥部决定乘敌人立足未稳，消灭该敌，坚决拔掉这个“钉子”。王学礼和少年先锋连的干部战士听说要打仗，都争先恐后报名参加团里组织的突击队。团里首长看他们年龄小，不让参加，这下大家可急了，纷纷想办法要求参加战斗。王学礼和连长挑选了 10 多名年龄较大的战士，硬是跟着团里的突击队出发了。

5 月 6 日黄昏，部队由路家市、黄家川一带出发，第二天拂晓到达指定位置。这时，西北红军前线总指挥部发现敌人占据的寨子墙高沟深，地形险要，遂改变计划，命令部队立即撤回魏家岔待命。红军撤退时，天已大亮，敌人发现后，分两路向红军发起追击。红 1 团撤至吴家寨子时，接到赤卫队员报告，瓦窑堡敌军一个连押送一批共产党员和革命群众正向吴家寨子方向运动，现已到达吴家坪。红 1 团在将遭到敌军前后夹击的危险关头，决定以伏击手段，先消灭前来瓦窑堡的敌人。红 1 团在靠近公路的小山峁上分散隐蔽起来。当敌人的前卫排进入伏击圈时，红 1 团指战员以迅雷不及掩耳之势，从山坡上猛扑下来，一举歼灭敌军的前卫排。

敌人的后续部队立即掉头逃跑，红 1 团乘胜追击，追至张家峁一带，除少数敌军逃跑外，其余均被歼灭，营救出被敌人押解的全部共产党员和革命群众。

次日，红 1 团在友邻部队的支援下，又迅速将杨家园子的国民党军队包围，敌人抵挡不住红军进攻，折向白家塬的园峁高地构筑工事，与青皮梁的敌人形成鼎足之势，企图凭借有利地形和良好的武器装备负隅顽抗。这次战斗打得十分激烈，附近群众听说红军正在打国民党军，纷纷赶来助战，把饭菜送到阵地上，赤卫军和少年先锋连在四面山头上插上红旗，呐喊助威，敌军被迫脱离工事依托，陷入红军的包围之中。下午，红军把敌军赶进一条泥泞的沟谷，迫使敌人缴械投降，敌营长被击毙，敌副营长及以下 450 余人举手投降，红军缴获了大量武器弹药和物资。在整个战斗中，王学礼和少年先锋连的战士们奋勇冲杀，缴获了 10 多支步枪和一些弹药。

战斗结束后，部队到贺家湾休整，刘志丹同志来到少年先锋连，一进门就冲着王学礼表扬小战士们勇敢机智，接着又十分关切地对王学礼和小战士们说："少年先锋连都是刚参军不久的'红小鬼'，一开始就参加打硬仗、打恶仗，搞得不好容易挫伤积极性，应该先担任一般的战斗任务，然后再逐步打大仗，经过锻炼就会越来越强。"刘志丹还指示，将红军部队配发的军装优先供给少年先锋连的娃娃兵们穿。小战士们脱下老百姓的衣服，穿上军装，每人还领到了一个搪瓷缸子，喝水吃饭方便多了。不久，刘志丹代表西北红军前敌指挥部，授予红 27 军 84 师 1 团"少年英雄红 1 团"的光荣称号。

为了拔掉陕北与陕甘边苏区衔接地带敌人的据点，使这两块根据地连成一片，红 1 团于 6 月 17 日奉命进抵安塞县，攻占该县境内的最后一个据点李家塌寨。该寨位于两条山沟会合点的山嘴上，东、西、南三面是悬崖峭壁，北面的通道被国民党军开挖的人工壕沟切断，进出只有东面一道寨门。寨墙四周布满滚木礌石，寨内聚集着全县反动武装 2000 多人，控制着西北红军两块根据地之间的通道。安塞县的反动武装据险固守，红1 团连续攻打 4 天都没有打下来，少年先锋连的粮食也吃光了。这天大清早，在指导员王学礼的安排下，司务长张金铭和炊事员出去找粮食，走了 15 公里，到下午三四点钟才凑了 100 多斤黄米，急急忙忙赶回到连队时天已经黑了。晚饭前，刘志丹得知少年先锋连出去找粮食的人还没有回来，立即指示把红军指挥部的粮食送了过来，还亲自陪小战士们吃了晚饭。

21 日中午，刘志丹亲自观察地形，重新选定突破口，红 1 团团长贺晋年④率 37 名突击队员，从寨南被风雨侵蚀形成的一条石缝中攀登上去，接近寨墙时，被敌军发现，顿时滚木礌石轰然而下，红 1 团突击队的大部分战士被石头砸伤，仍然继续坚持冲锋，贺晋年团长被砸得昏倒在地，醒来后又继续指挥战斗。红 1 团突击队在红军掩护部队的火力支援下，冲到寨墙下，搭人梯强行攀越，经过短暂的拼杀，突击队员登上寨墙，跳进寨内，与敌人展开殊死搏斗。红 1 团突击队浴血奋战后占领了寨子的东门，打开寨门，迎进红军主力。红 1 团后续部队冲了上来，一小股残余的敌军退守到一孔石窑内，红军攻打了三次也没拿下来，伤亡了好几个战士。王学礼见此情形，对指挥战斗的贺晋年团长请战后，从战士手中拿过几枚手榴弹往腰带上一插，又让炊事班的战士把装辣椒面的口袋拿来缠在自己的腰间，他避开敌人的正面火力，从侧翼迂回到窑顶上，把几颗手榴弹一起装进辣椒面袋里，拉着导火索，从窑洞烟囱口里塞了进去，迅速跳到一边隐蔽起来。随着一声轰响，石窑内的十几个敌人几乎全部被炸死，幸存的几个敌人也缺胳膊少腿，被浓烈的辣椒味呛得死去活来，连爬带滚地钻出石窑，束手就擒。激战进行到下午 7 点，守敌全部被歼灭，红军缴获长短枪 200 余支，并于次日召开公审大会，根据群众的要求，处决了 9 个民愤极大的民团头子和恶霸地主。李家塌寨子一带的老百姓分了地主的粮食和财物，人人欢天喜地，扬眉吐气，寨内寨外到处洋溢着欢乐的气氛。

李家塌寨战斗之后，贺晋年团长对王学礼在战斗中的英勇表现赞不绝口，更加欣赏王学礼的机智灵活和不怕死的精神。在以后的革命和战斗岁月里，两人结下了深厚的革命情谊。

7 月 17 日，国民党军的一个团长艾杰三率部由绥德双和峪来高家塌地区抢粮。高家塌位于一条东西走向的川道内，红 1 团事先得知敌人情报，提前隐蔽在山脚下待机歼敌。敌军一路上烧杀掳掠、气焰嚣张，没想到刚行进到高家塌就被红军包围。红 1 团兵分两路，向艾杰三部实施猛烈攻击，把敌军围困在一个小山包上。敌人拒不投降，拼命顽抗。王学礼带领少年先锋连和友邻部队一起冒着枪林弹雨，边打边往上攻击，硬是冲了上去，除伪团长艾杰三负伤后带少数人逃跑外，其余大部分敌人被歼灭。这一仗大长了红军的威风，打击了敌人的嚣张气焰。当地老百姓为这次战斗编了一首民歌：

> 六月里来热难当，双和峪来了艾团长。
>
> 艾团长牛皮大，一心要把红军打。
>
> 只管走不顾看，斜沟里出来刘志丹。

刘志丹名声大，艾团长看见着了慌，
勒转马头往回跑，山上攻来红 1 团。
红 1 团真勇敢，双手往下丢炸弹。
不是太阳落得早，艾团长头脑沟里抛。

少年先锋连在成立不到 1 年的时间里，先后参加了大小战斗十几次。在战斗中不断成长壮大，由最初全连只有 60 多人两个排、20 多支枪，发展到 130 多人 3 个排，每人都有一支枪，连里还成立了机枪班，装备了两挺机枪。

7 月 22 日，长征途中的中国工农红军第 25 军第二次攻破佛坪县城。

8 月初，红 25 军离开陕南，进入甘肃境内。

9 月 16 日，红 25 军与西北红军在延川县永坪镇胜利会师，受到西北根据地党政军领导人和人民群众的热烈欢迎。红 25 军胜利完成了长征，成为先期到达陕北的第 1 支红军队伍。18 日，红 25 军在延川永坪镇与红 26、27 军会师，合编为中国工农红军第 15 军团，王学礼所在少年先锋连编为红 81 师 241 团 6 连。从此，少年先锋连成长为一支成熟的红军连队。

不久，年仅 19 岁的王学礼也奉命调到红 81 师 241 团任2 营教导员。

1935 年 9 月 16 日，红 15 军团成立时的情景

注释：

①杨琪（1895—1936），字建亭，陕西省延川县人，1932年加入中国共产党。1933年陕甘边区特委、陕甘边区红军总指挥部恢复红42师，成立3路游击队总指挥部，杨琪任第2路游击队总指挥。1935年1月，任红27军84师师长，1936年2月，任红28军第3团团长，奉命率部东征，3月9日，在陕西吴堡马家川战斗中壮烈牺牲。

②张达志（1911—1992），陕西葭县（今佳县）。1929年加入中国共产党，1934年参加中国工农红军。解放战争时期先后任陕甘宁晋绥游击司令员，绥德军分区司令员，警备第2旅旅长，陕北军区司令员。兰州战役任第1野战军第4军军长。1955年被授予中将军衔。

③无定河，是陕西榆林地区最大的河流，它发源于定边县白于山北麓，上游叫红柳河，流经靖边新桥后称为无定河。全长491公里，流经定边、靖边、米脂、绥德和清涧县，由西北向东南注入黄河。

④贺晋年（1910—2003），陕西子长县人。1928年加入中国共产党。先后被派往陕西、甘肃的军阀部队做兵运工作，曾参加兰州水北门暴动。1934年任红军陕北游击队第1支队政委，1935年任红15军团81师师长，后任红27军军长。抗日战争爆发后，任八路军留守兵团警备第1团团长，1939年兼任三边军分区司令员，1942年任陕甘宁晋绥联防军警备第3旅旅长。1945年出席了中共第七次全国代表大会。1947年任东北民主联军骑兵纵队司令员，1950年调任东北军区第一副司令员兼参谋长，并兼东北军区卫戍部队司令员、防空部队司令员、装甲兵部队司令员，参与组织抗美援朝的后方支援工作。1955年被授予少将军衔。

第五章 战火淬炼

1935 年 10 月 1 日，蒋介石为了阻拦中央红军和西北红军会师，成立了“西北剿匪总司令部”，驱使东北军和地方军阀，向陕甘边区革命根据地进行空前规模的第三次反革命军事围剿。红军采取声东击西，围点打援的战术，用少数部队佯攻甘泉县城，敌人中了红军的圈套，从延安派遣东北军第 110 师顺公路前来增援，王学礼所在的红军第 81 师和兄弟部队在劳山一带伏击歼敌。下午 3 时许，当东北军第 110 师的前卫营到达白土坡、师部进入劳山村时，埋伏在两面山坡密林中的红军突然发起攻击。王学礼和营长贺吉祥①率领第 2 营在白土坡占领有利地形，以猛烈的火力从正面打击敌人，阻止敌前卫营与驻守甘泉的敌人会合。敌军拼命突围，突入红军第 81 师友邻部队的前沿阵地。王学礼等人按照上级命令，带领部队直插磨子沟，配合友邻部队向敌军发起连续反冲击，迫使敌人放弃阵地，退至公路附近。经过 5 个多小时激战，全歼敌军 6000 余人，击毙敌师长何立中、参谋长裴焕采。

25 日，王学礼所在的红军第 81 师和友邻部队攻占榆林桥，消灭国民党军一个团，并活捉敌团长。

榆林桥战斗后，红军第 81 师返回根据地进行休整。与此同时，党中央、毛泽东率领的中央红军已经胜利到达陕北吴起镇。王学礼立刻把这令人振奋的消息传达给全营指战员。上级指示要做好欢迎中央红军的准备工作，并动员西北各红军部队拨出一部分弹药和物资支援中央红军。当时，中央红军爬雪山、过草地，长征二万五千里，历尽千辛万苦到达陕北，弹药给养已将耗尽。红军第81师和兄弟部队在劳山、榆林桥打了两个大胜仗，缴获了敌人的大量物资装备。王学礼和营长贺吉祥主动将营里的储备上交了一大部分，支援中央红军。

榆林桥战斗遗址——陕西省延安市甘泉县

11月初，红军第81师与毛泽东率领的中央红军在富县东村一带会师，并被编入红一方面军。从此，王学礼所在的红军第81师在党中央、毛泽东亲自指挥下战斗。

中央红军到达陕北后，蒋介石极为恐慌，急忙调动兵力，企图乘红军立足未稳而围歼。毛泽东分析了战局形势，作出“向南作战”“初冬解决围剿”的决定。接着又制定了“诱敌深入、聚而歼敌”的作战原则和以葫芦河和直罗镇为战役枢纽的战役计划。直罗镇位于陕西富县西南方，三面环山，北临小河，是打伏击战的好地方。

21日，在党中央和毛泽东的直接指挥下，红军发起了著名的直罗镇战役。两支红军部队首次密切协同，英勇作战，中央红军从北向南打，西北红军从南向北打。按照战役的部署，红军第81师243团继续围困甘

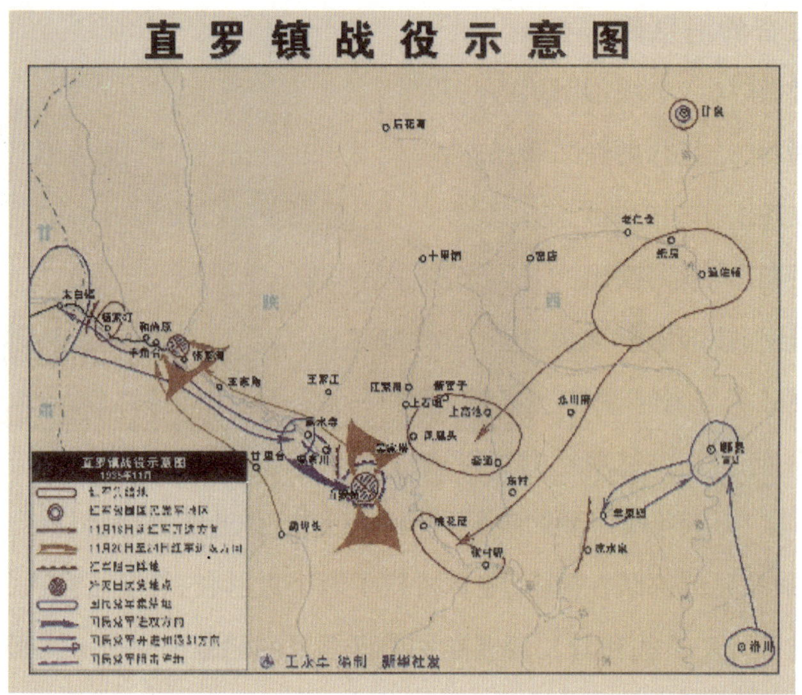

泉，牵制敌人。王学礼和营长贺吉祥带领的红军第 241 团 2 营部署在张村驿与直罗镇之间的山头上，担任正面阻击东路的国民党第 117 师的任务。拂晓，战斗打响，红军将敌军夹击在直罗镇地区两山之间的川道里，首先歼灭了敌军第 109 师师部和两个团。敌军师长牛元峰率残部逃窜至镇东南土寨内固守待援。红军以少数兵力围困敌人，遂以主力打击前来支援的敌军，再次歼灭国民党军第 106 师的 1 个团。敌军第 109 师残部待援无望，于 24 日上午突围，又被追击的红军全部歼灭。经过 4 天激战，直罗镇战斗全歼敌军第 109 师又 1 个团，俘虏敌人 5300 余人，缴获敌军大批武器弹药。这次直罗镇战役充分体现了中央红军和西北红军兄弟般的团结，彻底粉碎了敌人对陕北革命根据地的第三次围剿，为党中央把全国革命的大本营放在西北举行了奠基礼。

直罗镇战役后，王学礼随红81师241团撤到羊圈园一带休整，进行军事整训。在这以前，由于战斗频繁，缺少教员，部队只能组织一般的射击训练，没有搞过战术演习。在这次整训中，红军第15军团参谋长周士弟亲自给干部上军事课。王学礼和营长参加完军团的整训后，回到营里就立即组织开展了班、排、连的战术演练和射击比赛。经过严格、紧张的整训，红军指战员的军事素质不断提高，战斗力也不断得到加强。

直罗镇战役缴获的武器

1935年冬，日本帝国主义加紧了对中国的侵略，蒋介石继续推行“攘外必先安内”的反动政策，疯狂进攻红军和革命根据地，镇压全国人民的抗日救亡运动，对日寇妥协投降。

12月9日，北京爱国学生数千人，在中国共产党的领导下，冲破国民党政府的恐怖统治，举行了声势浩大的抗日救国示威游行，获得了全国人民的大力支持和积极响应，掀起了全国抗日民主运动的新高潮。中国共产党中共中央于12月17日至25日，在瓦窑堡召开政治局会议，作出了《中央关于目前政治形势与党的任务决议》《中央关于军事战略问题的决议》，确定了党的抗日统一战线的策略路线和军事策略方针。陕甘苏区是全国最贫困的地区之一，经济落后，交通闭塞，苏区的巩固与发展受到很大限制。而这时的中央红军减员极大，装备极差，亟须扩红筹款，休整补充。为此，中共中央决定红一方面军以中国人民红军抗日先锋队的名义实行东征，东渡黄河，进入山西作战。

王学礼所在的红 81 师 241 团参加了围攻甘泉的战斗。甘泉地形险要，城防坚固，易守难攻。守卫甘泉的是东北军第 129 师的 1 个团。红 81 师经过反复争夺，攻占了城东南制高点灯龙山和城北的北山，并击毙敌人 100 多人，与敌军形成了对峙。之后，红 81 师奉命在城墙下挖地道，准备在城西北角的制高点爆破攻城。红军指战员在零下 30 多度的冰天雪地里夜以继日地进行坑道作业。彭德怀、叶剑英和杨尚昆亲临红 81 师作业现场视察指导。彭德怀同志在现场给排以上干部讲话，鼓舞士气。与此同时，周恩来也亲自做统战工作，派人向甘泉守敌喊话，宣传中国共产党的抗日民族统一战线政策，迫使东北军与红军减少摩擦，共同抗日。因此，王学礼随红81 师奉命撤离甘泉，在延安以东的甘谷驿集结待命。

1936 年 2 月 15 日，红 81 师到达清涧以东的袁家沟，进行渡过黄河的准备。

18 日，红一方面军总部下达东征[②]作战命令。

19 日，王学礼率部随红 81 师在河口集结。

20 日，夜，红一方面军在毛泽东和彭德怀的指挥下，兵分两路，冒着敌人的炮火强渡黄河。红 81 师渡过黄河后，奉命担任扩大突破口、扫清黄河东岸沿线敌军据点的任务。红 81 师遂命令王学礼所在的红 241 团向北、红 243 团向南，全力出击。红 81 师指战员英勇战斗，一举扫平了沿途 40 多公里战线上的敌军碉堡，出色地完成了战斗任务。之后，红 81 师快速集结,向石楼地区开进,于 25 日抵达大麦郊地区集结。

3 月 6 日至 8 日，毛泽东在红军东征总部驻地——孝义县大麦郊(今属交口县)主持召开了中共中央政治局扩大会议。会议分析了红军东渡以来的形势,调整了作战部署,具体讨论了兑九峪战斗的部署,决定集中优势兵力,在兑九峪一带重创国民党阎锡山的军队,扫清东进抗日的道路。

8 日,红军作战命令正式下达,王学礼所在的红 15 军团的红 81 师及黄河游击师则分布于主力红军的左右两侧,掩护主力安全,迎击增援之敌。红军在长达 10 公里的兑九峪谷地布下了一个三面埋伏的袋形阵地,静候敌军自投罗网。

9 日,国民党晋军左翼杨效欧部第 2 纵队首先向兑九峪以西的大麦郊、阳泉曲推进。晋军右翼李生达第 3 纵队协同动作,经三泉镇进至下堡、杏野一带。晋军先头部队第 201 旅连夜进占原庄、罗巴沟一带山头阵地,准备于拂晓时分配合杨效欧部对红军发动突然袭击。

10 日，清晨 5 时，正当晋军生火做饭,准备出发之际,红军主力突然从左、中、右三面发起攻击,同时派出快速骑兵向两翼包抄,切断晋军李、杨两部的联系,分割包抄。晋军各部仓促应战，负隅顽

红军东征总指挥部旧址——山西省吕梁市交口县大麦郊

抗,10余架轰炸机也飞临兑九峪上空,狂轰滥炸,轮番助战。由于红军攻势猛烈,晋军渐渐不支。阎锡山急调总预队两个团从太原乘车赶来增援,同时又命令占据中阳关上村一带的第4纵队及驻守隰县的第1纵队,向红军侧翼进击,威胁红军后路。投入战斗的晋军总兵力达3个纵队、15个团之多。红军与晋军从日出激战到午后,战斗一直处于对峙状态,几十里长的山沟里,到处硝烟弥漫,杀声震天。

红81师命令王学礼所在的红241团从右、红243团从左,同时向淋淋洼东、西两个山头攻击。激战中,红军英勇奋战,晋军顽强抵抗,战斗十分激烈。中午,敌人突然从红243团左翼突出一股,偷袭红一方面军总部所在地郭家掌。在此紧急关头,红243团为了保护毛泽东和彭德怀的安全,果断地撤下主力,向郭家掌机动,在彭德怀的指挥下,激战两个小时,歼灭了一部分敌人,打退了前来偷袭的敌人,并乘胜追击,将敌军压制到了淋淋洼,乘机攻占了西山头。与此同时,向东山头攻击的红241团分左右两路向守敌进攻时遭到敌军拼命抵抗。王学礼和团长根据敌情变化,及时指挥红241团改变战术,用第1、2营集中兵力攻击敌人的一个点。但因敌众我寡、地形不利,红241团激战到下午仍没有进展。营长贺吉祥交代王学礼指挥部队,自己组织了一支精干的突击队向敌军发起冲击。红81师师长贺晋年亲自组织火力掩护,贺吉祥率红241团突击队浴血奋战,终于冲上了东山头,但随即又被敌人反击下来。红241团继续组织强攻,还是受挫。贺吉祥和王学礼立即调整战术,带领部队遂转到敌军的侧后攻击,并再次组织了由第1连连长李发率领的20多人突击队,身背大刀,手握手榴弹,在火力的掩护下,拼命冲杀,终于打开突破口。红241团后续部队及时跟进,击溃了守敌1个团的多次反击,黄昏时红军占领了淋淋洼高地……

毛泽东指挥兑九峪战斗所在地——金斗山

在兑九峪战斗中，由于东征红军渡过黄河不久，没有根据地作依托，加之地形不利，武器装备较弱，要一口吃掉这么多敌军确有困难。于是，在给敌人以沉重的打击和杀伤后，毛泽东和彭德怀当机立断，命令红军撤出战斗。为了保存实力，阎锡山也于当晚命令晋军撤出了兑九峪地区，放弃捕捉红军主力进行决战的计划。之后，晋军主力集结布防于汾阳、孝义、灵石、介休一带，沿同蒲路和汾河堡垒沿线严密设防，堵击红军东进北上，等待南京国民党中央军的援军到来。

兑九峪战斗后，为了保卫红军第一方面军首长和总部的安全，王学礼所在的红 241 团临时奉调方面军总部担任警卫任务。按照红军总部的部署，红 81 师随红 1 军团南下，红 1 军团派邓小平同志来红81 师指导帮助工作。

3 月 17 日，红 1 军团突破敌军设在汾河一带的堡垒线，由霍县地区向南迅速进军，先后占领了霍县、赵城、临汾、襄陵、曲沃等县和广大地区。王学礼和红 241 团在这些地区积极宣传中国共产党抗日救国的主张，千方百计筹措粮款，壮大红军队伍，建立抗日救国团体、党团组织和红色政权，壮大抗日力量。在二十几天的时间里，红 81 师扩充红军 800 多人，组建两支地方游击队共 50 多人，在晋南广大地区播下了抗日救国的革命火种。

正当红军高举抗日救国旗帜，在晋西、晋南地区发动群众，组织抗日力量的时候，蒋介石、阎锡山又纠集兵力，向东征红军实施反扑。红一方面军决定收缩兵力，相机歼灭敌人。

4月上旬，东征红军向北移动，邓小平同志结束了在红81师的工作指导，回到红1军团工作。王学礼所在的红81师也直接归红一方面军总部指挥。此时，各路国民党军正向红军围来，妄图歼灭东征红军于黄河东岸。同时，蒋介石又命令陕、甘、宁各省国民党军队向陕甘革命根据地大举进攻。为了避免与在兵力上占绝对优势的国民党军队作战，保存抗日力量，巩固和发展陕甘革命根据地，争取抗日民族统一战线的实现，第一方面军总部决定挥师黄河以西。为了掩护红军主力部队安全渡河，红81师奉命进至稷山县城以北的冯市塬，阻击国民党军汤恩伯部的尾追。红241团奉命组织骡马队，驮着筹集的粮食、物资随红1军团先行。红81师进驻关帝庙后，师长贺晋年率红241团迅速占领关帝庙一线阵地，依托有利地形，阻击敌人。国民党军尾追而至，红81师经过一天一夜的艰苦战斗，打退了敌军的数次进攻，王学礼所在红241团6连1排为了完成阻击敌人的任务，坚守关帝庙阵地，与数十倍的敌人激战整整一天，全部壮烈牺牲，关帝庙失守。师长贺晋年亲自带领两个连向敌人再次反击，力图夺回关帝庙，但因敌军增援的兵力太多，红241团的几次反击都没有获得成功，于是退至关帝庙以北的村庄里，顽强阻击敌人。之后，红81师奉第1军团政委聂荣臻的命令，留下一个连轻装抗击敌军的尾追，师主力迅速摆脱敌人，进山回撤。红81师全体指战员以每天40公里的速度，一边作战一边撤退，抗击着汤恩伯部3个师的追击，胜利地完成了掩护红军主力部队西渡黄河的艰巨任务。

红军东征先头部队强渡黄河挺进山西

在历时75天的东征作战中，王学礼和红241团参加了十几次战斗。东征作战中，红军共歼灭国民党军队大约7个团，俘虏敌人4000多人，缴获枪支4000多支、大炮20多门，扩大红军8000余人，增强了革命力量，沉重地打击了国民党和山西军阀阎锡山，进一步揭露了蒋介石、阎锡山的反动面目。

5月3日，红81师从延水关渡口渡河，返回延川县休整。王学礼在休整的时候，才收到刘志丹在山西中阳县三交镇战斗中牺牲的消息。噩耗传来，王学礼悲痛万分，连续几个夜晚都无法入睡。他想起刘志丹对少年先锋连无微不至的关怀和对自己一次次的谆谆教导，仿佛就在昨天，历历在目。他暗暗发誓要血债血偿，在战场上多杀敌，为敬爱的刘志丹报仇！

东征红军回师陕北后，中国共产党再次重申抗日民族统一战线的方针和实现第二次国共合作的主张，而蒋介石集团仍继续坚持其"剿共"政策。蒋介石调集了16个师又3个旅的兵力，准备对西北革命根据地发动新的"围剿"。国民党军采取稳扎稳打的堡垒主义政策，首先向西北红军根据地的东北部进犯，同时将宁夏马鸿逵、马鸿宾的一部分"马家军"部署于陕甘边界地区，防堵红军西进。

5月18日，中共中央革命军事委员会决定进行西征③。西征红军以红1军团为左路，红15军团等部为右路，后又以红28军、红81师、红军骑兵团为中路,于5月下旬至6月上旬相继出发。

6月14日，王学礼所在的红81师奉命与红28军和红军骑兵团组成中(又称北)路军,执行夺取占领安边、定边、小桥畔、城川寨、堆子梁等地,建立根据地的任务。红81师首先奉命围攻安边县城,一举歼灭敌人200多人,缴获战马200多匹,枪支200多支。

17日,红81师西进定边。

21日,红81师配合红87师袭击并占领盐池,全歼守敌300多人。之后,转战盐池以南甘肃、宁夏交界的河连湾、预旺堡、甜水堡一带。

7月初,王学礼和红81师围攻韦州,后又进攻洪城堡。之后,红81师奉命在洪城堡一带集结。王学礼利用战斗间隙,及时组织战士进行前一阶段战斗情况总结和军事训练,奉命准备迎接中央红军二、四方面军北上。

7月底,红一、二、四方面军三路红军给马鸿逵等国民党军以沉重打击,相继攻占了甘肃东部的阜城、曲子镇、环县、洪德城等地和陕西的西北部,直到宁夏的盐池、豫旺、同心等地,俘虏敌人2000多人,缴枪2000多支,开辟了纵横200公里的新根据地,并与陕甘老根据地连成一片,使红军和地方革命武装都得到了发展。从8月开始,西征红军在巩固新区的同时,继续扩大胜利成果。

10月9日,红四方面军指挥部到达会宁,与红一方面军会合。红二方面军连续攻克甘肃省东南部的成县、康县、徽县、两当县之后,也迅速向北转移。

21日,贺龙率部在平铎镇与红一方面军第1军团会合。

22日和23日,红2、6军团分别在将台堡、兴隆镇同红一方面军胜利会师。至此,三大主力红军实现了胜利会师。

红军三大主力会师后,即向宁夏海原、打拉池地区开进,准备夺取宁夏。蒋介石慌忙调集大军由南向北对红军主力实施追击,企图将红军主力歼灭于黄河以东地区。面对蒋介石的新阴谋,红军主力决定逐次转移,诱敌深入,然后集中优势兵力于环县山城堡地区,给国民党胡宗南部孤军冒进的先头部队以歼灭性打击。

10 月底,王学礼随红 81 师奉命南下,抗击国民党右路军何柱国骑兵旅的追击,掩护红军主力安全转移。红 81 师边打边撤,连续阻击敌军 20 多天,使红军主力甩开了敌人,为红军主力部队争取了休整和重新部署的时间。

11 月 18 日, 国民党第 67 军一个步兵师和一个骑兵师避开红军侦察和警戒部队,向红 81 师师部所在地李家塬进行偷袭,国民党军抢占了红 81 师师部周围的山头,利用有利地形,把红 81 师 241、243 团分割包围。在这紧急关头,红 81 师首长命令部队坚决反击,与敌人决一死战。师部和各团一起向敌军发起猛烈反击。王学礼和指战员用手榴弹、刺刀与敌军近距离拼杀,杀伤敌人 300 多人,敌军顿时乱了阵脚,红 81 师乘机突围,转危为安。红 81 师这次突围行动,受到了红军总部的嘉奖。

21 日,红军主力部队在山城堡取得了歼灭胡宗南第 78 师一个旅和两个团的重大胜利。至此,红军西征行动遂告结束。

1936 年 12 月 12 日,西安事变爆发,应张学良、杨虎城的请求,红军主力集中于西安以北的泾阳、三原、富平和陕南的商洛等地,随时准备迎击国民党军的进攻。王学礼所在红 81 师在甘泉北部恢复红军第 27 军番号,随即南下洛川,准备与红军主力部队一道打击国民党南京政府“讨伐军”的进攻,支援东北军、西北军作战。由于西安事变的和平解决,王学礼部随红军主力部队北移,转入休整,开展部队整训和练兵活动。

1936年年底,王学礼升任红27军81师241团政治委员。

1937年1月,为了培养军事干部,党组织选派王学礼到中国人民抗日军事政治大学第2期学习班学习。20日,学习班开学,共设4个大队,学员共1362人,加上甘肃庆阳的抗大步校1400余人,共2700多人。王学礼所在的第5小队学员全部是来自红军作战部队的干部。

11月初,半年多的紧张学习结束后,学员们纷纷回到部队,匆匆开赴抗战第一线。王学礼奉命赶往山西前线抗击日寇,从佳县渡过黄河,经过兴县,到达山西偏关县,在八路军第120师警备6团任政治处主任。

11月14日,王学礼所在的警备6团由偏关县出发,北上右玉县。

16日,警备6团到达右玉西山云石堡、胡四窑一带。在和平进入右玉城无望的情况下,于18日将部队强行开进右玉城,国民党县政府以警察武装与警备6团对抗,拒绝改编。

21日,拂晓,警备6团采取断然行动,将国民党县政府县长和公安局长等人拘留,并解除了警察人员的武装。在警备6团军事压力和政治宣传下,县政府人员自行解散。此次战斗,警备6团缴获步枪200余支、战马50余匹、电台1部。

警备6团占领右玉城后,根据中共晋绥边工委的指示,为开辟以右玉西山为中心的和(林格尔)右(玉)清(水河)敌后抗日根据地,王学礼充分发挥善于做好政治工作的优势,带领警备6团筹划了3件事:一是立即从警备6团抽出80多名干部、战士组成20多个工作队,分赴右玉城、杀虎口、右玉西山和靠近长城的和林格尔地区,逐村逐户向民众宣读中国共产党的《抗日救国十大纲领》，使广大群众听到了中国共产党的声音，看到了八路军的光辉形象。在中国共产党的抗日民族统一战线政策感召下，右玉城乡的地方绅士、社会名流积极参加到了抗日的行列，右玉城、杀虎口和右玉西山等地区有近200名青年学生参加了抗日工作；二是组建右玉县抗日救国委员会，与此同时，县抗日救国会在右玉西山和杀虎口成立了三个区分会。王学礼和县抗日救国会还创办《抗日先锋》小报、组建文艺宣传队、印发宣传《抗日救国十大纲领》；三是组建了右玉县抗日第7支队。

1938年，王学礼和警备6团两上雁北，歼灭了当地的伪蒙军，坚持党的抗日民族统一战线政策，积极宣传中国共产党的抗日主张和《抗日救国十大纲领》。八路军警备6团所到之处，王学礼亲自在团里组织动员会，深入乡村城镇进行宣传工作。同时，他们还扶助贫雇农，开展减租减息斗争，争取群众应有的政治、经济权利，并积极动员群众支援抗日前线。在王学礼和同志们的积极宣传、正确引导下，许多群众和开明绅士纷纷捐献猪羊、骡马、粮食、棉布和银元等物资，对解决警备6团的供给困难起到了重要作用。王学礼还根据斗争形势的发展，坚持党在抗日民族统一战线中的领导地位，在警备6团成立了武装工作队，在国民党和日军统治区放手发动群众，打日本、除汉奸，巩固和扩大根据地，建立人民抗日政权……

注释：

①贺吉祥（1915—2007），1915年2月生，陕西子长县人。1932年加入中国

共产党，10月加入中国工农红军陕北游击队第9支队，1935年任红15军团81师241团2营营长，1942年调任晋绥军区绥西分区任司令员。1948年任华北独立第6旅任旅长。1952年任第1野战军4军11师师长，1954年调50军任副军长。

②东征，1936年2月17日毛泽东签发东征宣言，20日正式下达渡河命令，命令各渡河突击队："先头绝对隐蔽，乘夜偷渡。"5月14日至15日，中共中央在延川县太相寺召开了政治局扩大会议，由毛泽东作报告，对东征胜利的意义作了高度的概括和评价：打了胜仗，唤起了民众，筹备了财物，扩大了红军。

③西征，红一方面军对陕西、甘肃、宁夏三省边界地区国民党军的战略性进攻战役。西征战役于1936年5月19日开始，历时两个多月，大获全胜。在陕甘宁三省边界开辟纵横各200余公里的新区，为策应红二、四方面军北上，实现三大主力红军会师创造了有利条件，并对抗日统一战线工作的开展起了积极作用。

第六章　革命伴侣

在烽火连天的晋绥抗日根据地[①]，王学礼遇到了苏维仁，两人建立了革命的情谊，并结为革命的伴侣。

王学礼和苏维仁第一次相见，是1937年12月在山西省偏关县人民政府的操场上。当时，抗日革命根据地的军民联合在这里召开数千人的大会，纪念"九·一八"事变6周年。刚参加妇女救国会工作的苏维仁和姐妹们眼含热泪，唱着：

王学礼

九·一八，九·一八，

从那个悲惨的时候……

哪年哪月，才能够回到我可爱的家乡……

被这悲壮的歌声所感动，会场上群情激愤，王学礼跳上主席台，带头振臂呼喊口号："打倒日本帝国主义！团结抗日，保家卫国！"

抗日军民举起森林般的手臂，愤怒的口号声如黄河咆哮，似暴风怒吼。苏维仁惊奇地发现，领喊口号的是个浓眉大眼、面容白皙、身着粗布军装，背一支二十响驳壳枪的小伙子。那次会上，王学礼给苏维仁留下了深刻的印象。会后的几天里，王学礼当时呼喊口号的情景一次次在她的

年轻时的苏维仁

眼前浮现。于是，苏维仁情不自禁地就想了解那个呼喊口号的人。她终于从妇救会主任嘴里知道，那个年轻军人是警备第6团年仅21岁的政治处主任王学礼。

苏维仁，1923年出身于一个贫苦的煤矿工人家庭。她的父亲在前往打工的路途中不幸病死后，年轻的母亲被迫改嫁，两个兄弟从十二三岁起就被迫下煤窑卖苦力。从小无依无靠的苏维仁，给人家当了童养媳，过着极其贫困的生活，十几岁了还穿得像个讨饭的。当八路军渡过黄河，挺进山西抗日前线进驻苏维仁的家乡后，她这个孤苦女儿毅然挣脱封建枷锁，扑进革命大家庭的怀抱，积极参加保家卫国的斗争，很快成为妇救会的积极分子。

事有凑巧。恰在此时，王学礼的父亲王恩茂千里迢迢找到王学礼所在的部队，要儿子回家结婚。自杨富梅改嫁后，又过了两个年头，王恩茂才接到王学礼的一封家信，知道儿子还活着。打这以后，儿子的婚事就挂在了王恩茂心上。现在，王恩茂又为儿子相中了一个农家姑娘，只等儿子回去娶亲成家。可是，王学礼在民族存亡的危急关头，怎么也不愿考虑个人的婚姻问题，耐心地劝说父亲回家。王恩茂要儿子成家心切，说什么也不回去——除非儿子已经有了对象，他才肯走。

当时，日军正准备进攻偏关县，王学礼所在的部队和地方政府正准备转移。王学礼束手无策，只好找到妇救会主任求援。妇救会主任早已看出苏维仁对王学礼有好感，于是就找到苏维仁，好言劝导让她假装是王学礼的未婚妻，硬拉着她去见王学礼的父亲，好打发王恩茂回去。苏维仁只好答应下来，在妇救会主任的陪同下，去见王学礼的父亲。

王恩茂见到了苏维仁，端详着眼前这个俊俏的姑娘，满心欢喜，问长问短。妇救会主任乘机把王恩茂拉到院门外说："老人家，这个儿媳妇你可满意吧？"王恩茂不住地点头说："好！好！好！"这才放心地回家了。

从这以后，妇救会的姑娘、大嫂们一见到苏维仁就开玩笑起哄，都说苏维仁是王学礼的媳妇……

警备第6团奉命撤离偏关县时，王学礼找到苏维仁，真诚地对她说："我们的部队就要走了，这一走，可能就见不到面了——让你为我背个名，真对不起你！"苏维仁红着脸，低着头说："没关系，这也是为了革命——你走后，有空就捎个信。打仗随时都有生命危险，你要当心！"

今天，我们虽无法还原王学礼与苏维仁当初告别的场面，但从后来的一些有关人员零零星星的回忆中，我们不难断定：在山西省偏关县的短暂相见，苏维仁与王学礼已在心底里互相产生了爱慕之情……

王学礼随警备第6团撤离偏关后，苏维仁也随县政府很快转移了，在附近山区打游击。

1938年4月，苏维仁在山西岢岚县又遇见了王学礼，俩人终于如愿以偿，结成恩爱夫妻。

王学礼比苏维仁大7岁。婚后，他把苏维仁既当妻子又当小妹妹看待，十分体贴和爱护。要是妻子遇到什么不高兴的事，王学礼就变着法子劝说、安慰，不逗乐妻子他就不离开。苏维仁打心眼里喜欢王学礼，她觉得找到这样一个好丈夫，这辈子也就心满意足了。

王学礼来不及度完蜜月就要去执行战斗任务了，他准备把妻子送到后方去。苏维仁不愿离开自己的丈夫，她长这么大，第一次从王学礼身上得到温暖和爱情，一下子要长期离别怎么也舍不得呢。苏维仁在参加游击战中亲眼看到许多革命战士壮烈牺牲，她知道，部队每次打仗都要有指战员流血牺牲，付出代价。现在，离开丈夫，又要把他送上抗日前线，她真为王学礼担惊受怕。王学礼知道妻子对自己情深义重，也知道战争是无情的，自己也许有今天没明天，但作为一个革命战士的妻子，就要有一种不怕牺牲的精神。王学礼把心爱的妻子搂在怀里，给她讲述革命道理，还宽慰妻子说："我有战斗经验，也会当心保护自己，你放心吧！"王学礼终于做通了苏维仁的思想工作，依依不舍地离开新婚的妻子，及时随部队出发了。

同年 5 月，苏维仁根据王学礼的安排，顺利回到神木县沙峁镇王家庄。王恩茂按照王学礼的叮咛，送苏维仁上村里的学校读书。

苏维仁所上村学，正是陕甘宁边区党组织和民主政权遵照中国共产党《抗日救国十大纲领》，实行毛泽东提出的国防教育思想与抗战教育政策，有力地推动了全边区教育事业不断发展的时候。陕甘宁边区农村的文化教育事业原来十分落后，在 1937 年春，全边区仅有小学 320 所，在校学生 5600 多人，没有一所中学，全边区 99%的人口是文盲。1938 年 4 月，陕甘宁边区第一次国防教育代表大会在延安召开，成立了国防教育会。随后，边区政府教育厅制定了《陕甘宁边区国防教育的方针与实施办法》，强调边区国防教育的任务是：提高民众的民族觉悟、胜利信心和增加抗战的知识技能，以动员广大民众参加抗战，训练千百万优秀的抗战干部，培养将来独立、自由、幸福的中国建设者，争取中华民族的独立、自由和解放。同时，边区政府还加强了以成年农民为主要对象的不脱产的社会教育，开展了识字运动，并开始创办了冬学，建立了以小学为中心的半日校和夜校，进行不脱产的扫盲教育。在边区政府的领导和帮助下，以民办公助为基本方针，以需要和自愿参加为原则，以读报识字组、夜校、半日校、冬学、读书班、民教馆等形式的社会教育在边区迅速发展，各类识字组、读报组几乎遍及各村，全边区参加冬学的农民有5万人，学习的主要内容是读、写、算以及群众迫切需要的卫生知识。

苏维仁在这样的社会背景和革命需要下读书。她有丈夫的鼓励，公婆的支持，加上自己学习非常刻苦，每天能学会默写10个左右的生字。一年后，苏维仁转到沙峁镇完全小学继续读书。王恩茂一家人把对王学礼的爱全部倾注在苏维仁身上，时时关爱，并主动承担苏维仁上学的一切费用。

沙峁镇完小在王家庄15公里以外，每隔一两个月，王恩茂就赶着牲口，驮着吃、穿、用的东西送到学校给苏维仁。学校放假了，王学礼的家人又用牲口把苏维仁接回来，一家人团聚。在王恩茂一家无微不至的关怀、照顾下，苏维仁更加勤奋学习，只用了两年时间就学完五年制高级小学的全部课程，以优异的成绩毕业，为她今后投入革命工作奠定了文化基础，使她成为一个能文能武的知识女性。

经过五年枪林弹雨的艰苦征战，王学礼探亲回到阔别的家乡时，神木地区已成为巩固的抗日根据地。解放区人民在政治上翻了身，进一步落实了土地政策，地方政府广泛开展拥军优属活动，为革命军属代耕土地已经形成制度，受灾还能得到政府的救济。王恩茂一家人努力生产，粮食自给有余，生活也得到了改善。王学礼看到家乡的变化，让他感到安慰的是家里的生活条件改善了，苏维仁的文化程度提高了，三叔父王恩吉也参加革命了。但他没有想到的是奶奶因思念他，忧虑成疾，在 4 年多前病逝了。慈祥的奶奶死了，使王学礼的内心深感愧疚，久久地跪在奶奶的坟头，悲痛不已。晚上，王学礼给苏维仁讲起小时候奶奶疼爱他的一件件往事，禁不住又流了泪。

在探亲的短暂日子里，全家人欢聚一堂，共享天伦之乐。王学礼与苏维仁还和乡亲们一起下地劳动，一起畅谈革命前景，家乡的点点滴滴变化都使他由衷地感谢共产党的好领导，更想念与自己冲锋陷阵牺牲的战友们。王学礼始终牢记着自己肩负的重任，并没有沉醉在安定的生活环境中，假期还没有满就带着妻子回到了自己的部队。苏维仁也随军工作。

王学礼夫妇离开家乡后，王恩茂和王活鸡时常挂念，一次次写信让儿子和儿媳妇早一天回家过日子。王学礼一次次写信给父母亲，耐心开导说："现在大敌当前，我们不能只想自家不顾国家，我们是军人，为了赶走日本侵略者，在国难当头的时刻就应当为民族解放贡献一分力量……"王恩茂夫妇觉得儿子的话讲得在理，也就不再催促儿子回家了。在王学礼的影响下，家里人都力所能及地为革命尽一份力，自觉参加边区政府组织的各种活动。要是边区政府和共产党的有关工作人员路过王家庄，王恩茂一家人都会主动请到自己家里，安排歇息，做山村最好的饭菜款待。渐渐地，大家都亲切地称呼王恩茂一家是"革命家庭""光荣军属"。

1942 年农历正月初八，苏维仁在延安留守兵团野战医院顺利地生下一个白白胖胖的儿子，取名王进贤，因孩子出生在延安所以小名叫作延林。

正在延安留守兵团军政研究班学习的王学礼，得到消息，专门请假回来看望妻子和儿子。那时候，由于国民党反动派的经济封锁，边区部队指战员的生活还非常艰苦，常常吃不饱饭。苏维仁产后由于营养不良，身体虚弱，奶水稀少，她只好省下自己的一点口粮给儿子喂面糊糊增加营养，自己常常要喝野菜汤充饥。王学礼不忍心让妻子和儿子挨饿，也不愿给组织上添麻烦，和苏维仁商量后打算把儿子抱养给当地老乡，可又担心家里人不同意，就写了一封信给王恩茂说明情况。

王学礼的信到了家乡，正逢春播时节。王恩茂蹲在地头上，一面给牛喂料歇息，一面让识字的叔伯兄弟念信，当他听说儿子儿媳妇打算把自己的宝贝孙子送人，怎么也想不通。他背着手、躬着腰在地头走来走去，一时也不知如何是好。王恩茂想到儿子是带兵打仗的人、儿媳妇也在部队工作，两个人没个固定的安身之处，带孩子不大方便。于是，他与家人商量把孩子接回老家来抚养，可他想到延安离王家庄路途遥远，孩子还太小，又怕路上不安全。王恩茂和家里人反复合计，为了帮助小两口熬过难关，他忍痛把耕牛卖了几十块大洋，全数寄给儿子，并写信千叮咛万嘱咐，无论遇到什么困难，家里人都会想办法接济，千万不能把孩子抱养给别人。

王学礼夫妇一下子收到王恩茂寄来这么多钱，感到挺奇怪。父亲在信中说这些钱是亲朋好友给孩子凑的满月钱，他们也就没往深处想。王学礼拿了钱，先是给妻子买了几只老母鸡补养身子，没多少日子，苏维仁的奶水就多了起来。在苏维仁的精心照料下，吃饱了奶水的小延林，不再哭闹了，开始安静地睡觉、玩耍，小脸蛋也日渐红润，更加叫人喜爱。

1943 年春，王学礼在延安留守兵团军政研究班结业后回到盐池县。苏维仁带儿子到部队随军，被组织上安排在盐池县城区委当文书，做地方工作。

1944年2月，苏维仁怀孕早产，又生了一个男孩，取名王盐池，以纪念他们战斗工作的盐池这个地方。边区政府照顾军属，拨给母子仨一年的口粮，使瘦弱的孩子得以健康成长。

1945年10月，王学礼所在部队要开赴前线作战，不能带家属随军。苏维仁为了不让丈夫替家里的事操心，主动提出把两个孩子送回家乡王家庄抚养。在组织的帮助下，苏维仁和另一位军属装扮成回婆家的老百姓，从盐池县雇了两个脚夫、4匹骡子，一起回神木县老家。从盐池到神木的王家庄，要穿过危险四伏的敌占区，经过人烟稀少的沙漠边沿和荒凉的草原。两个母亲带着5个年幼无知的孩子，沿着荒凉的驿道出发了，她们把大点的孩子放在骡马背上的架窝子里，小点的孩子就和脚夫轮流背着、抱着赶路。一路上日晒雨淋，忍饥挨饿，有时候，一天只能吃上一顿饭。苏维仁的小儿子王盐池因为营养不足，嘴巴烂了不能吃东西，又没有奶水喂，日渐瘦弱了。行程的第18天后，苏维仁才好不容易来到了神木县的温家川地带。

王恩茂得到苏维仁带孩子们回来的消息，急忙赶来将苏维仁母子接回了家。

苏维仁这次回家，一路上骑牲口、抱孩子，路途颠簸，使她的四肢浮肿，好几天不能下地走路。回到家里后，小儿子王盐池的病情也日见加重，地处偏僻的王家庄，当时还缺医少药，尽管家里人四处求医，但疗效甚微。不久，小儿子王盐池就因病夭折了……

注释：

①晋绥抗日根据地，是抗日战争时期中国共产党领导的敌后抗日根据地，包括山西西北部和绥远（今并入内蒙古自治区）东南部广大地区。1937 年 10 月，贺龙和关向应等率八路军 120 师主力进入晋西北地区，创立晋西北抗日根据地。1938 年 8 月，120 师一部和地方武装组成大青山支队，挺进绥远北部，开辟大青山抗日游击根据地。1940 年分别成立晋西北行政公署和绥察行政办事处。

第七章　自力更生

八路军留守兵团第一次党代表大会留影

1938 年 5 月，王学礼被组织派到延安学习。

12 月，王学礼学习结束后，调任八路军留守兵团第 120 师警备第 1 团政治处任组织股长。

1939 年夏，王学礼调任警备第 1 团 2 营任教导员。在这期间，正逢执行誓死保卫河防，守住西北门户，粉碎日军企图一举突破黄河防线的光荣任务。王学礼随同部队坚决贯彻毛泽东积极防御的作战方针，采取机动灵活的战略战术，发扬勇敢顽强的战斗作风，坚决抵御日军进犯，在地方保安队、自卫军、友邻部队和人民群众的大力支援下，到 11 月 20 日先后挫败日军 9 次猖狂进攻。

1940 年初夏，警备第 1 团接到消灭国民党顽固派苟池保安队、从保安队手中夺回盐池的任务后，王学礼和营长带领警备第 2 营踏着晨露出

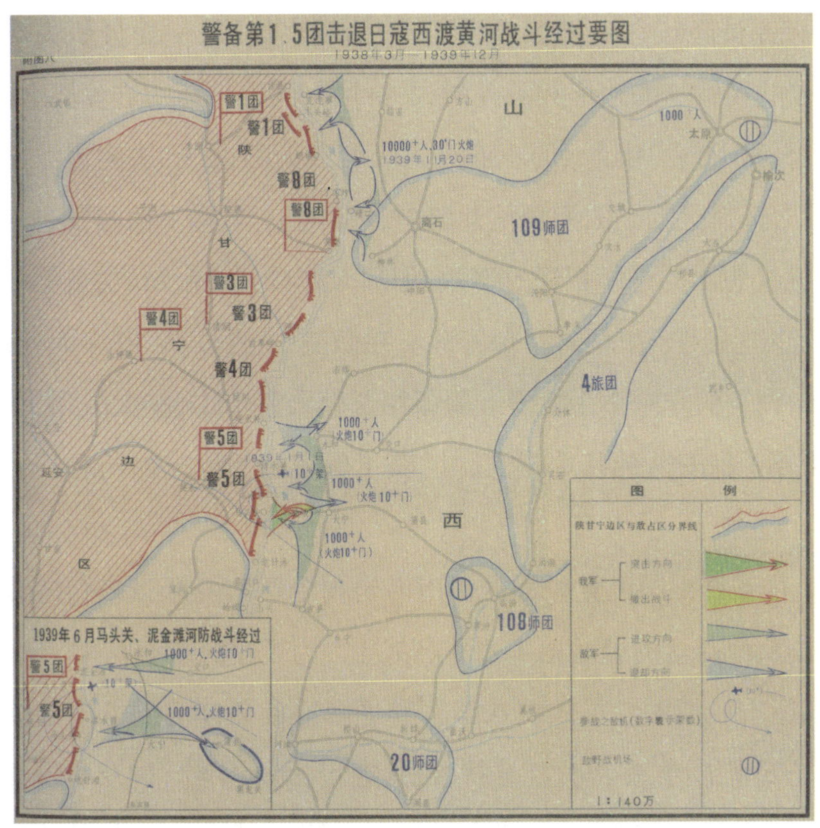

发，几十里的道路沙丘起伏，没有一棵树木，偶尔见到的几蔸草丛荆棘，刚刚泛出点点新绿，走在上面深一脚浅一脚的，走不了几步，鞋里就灌满了沙土。但指战员们强忍着干渴和饥饿，凭借平日里练就的一双铁脚板，在荒漠上疾步如飞，一上午就赶到了目的地。苟池保安队是一伙土匪、兵痞，枪法打得准，住在一个四周土墙上设有枪眼的土围子里，企图凭借厚实坚固的工事负隅顽抗。王学礼和营长仔细观察土围子的结构后，派出了 1 个排的兵力，在机枪火力的掩护下，迅速接近土围子，搭人梯登上土围子的房顶，从房顶上挖洞向屋子里、院子里扔手榴弹。保安队拼命向屋顶射击，警备第 2 营有几名战士伤亡，被迫撤出战斗。王学礼当即组织营、连指挥员隐蔽在一座沙丘后面，一面观察地形，一面分析失利的原因，根据战场特殊的地形和敌人的火力部署，又提出新的进攻战术。再次进攻，警备第 2 营用猛烈的正面火力吸引敌人的视线，从侧翼派出 1 个排的兵力选择土围子的死角挖开墙洞，然后把一颗颗手榴弹投进土围子里。王学礼想出的这一招还真奏效，把敌人炸得到处乱窜，警备第 2 营各连乘机冲进土围子里全歼了保安队。在激战中，保安队 50 多人死的死、伤的伤，剩下的乖乖举手投降。警备第 2 营乘胜追击，扩大战果，一天之内又拔掉了保安队的几个据点，缴获了保安队的枪支弹药和几十头骡马。

11 月 6 日，国民党顽固派伊南游击司令章文轩派兵来苟池袭扰抢盐，打伤苟池捞盐的警备第 1 团 9 名战士。为了避免事态扩大，警备第 1 团没有还击。国民党军队视八路军和平解决武装冲突的行为是软弱可欺，更是变本加厉，多次疯狂袭扰，抢盐夺粮，无恶不作，群众纷纷要求严惩章匪，为民除害。王学礼和营长按照警备第 1 团的命令，带部队从定边出发，火速奔袭，全歼章文轩部 31 人，俘虏 8 人。之后，警备第 2 营连续作战，一举收复苟池及盐池县的第 4、5 两个区，缴获反动武装的枪支 30 支、马30 多匹。从此，国民党顽固派再也不敢轻易到苟池进行武装挑衅、制造摩擦事件了。

1941 年 9 月 1 日，匪首张廷芝率 300 多人，突然袭击陈川地区，妄图夺取定边、盐池，使陕甘宁边区西北方向失去屏障。王学礼所在警备第 1 团和兄弟部队密切配合，一举击退了前来袭扰的匪徒张廷芝，并歼灭 160 多人，缴获枪支 100 多支、马 10 多匹，迫使匪首张廷芝逃至长城以北。当地群众听说八路军警备第 1 团消灭了国民党保安队和活动在这一带的土匪武装,为人民除掉了祸害,无不拍手称快,奔走相告。

同年秋天,王学礼奉命到延安留守兵团军政研究班学习,参加了全党开展的延安整风运动。王学礼认真学习毛泽东同志的报告和整风运动的有关文件,深刻领会马克思主义的建党思想和路线,进一步坚定了革命到底的信念。

12 月,为了缩小机构、减少层次,充实连队力量,适应战争需要,根据中共中央“精兵简政”的指示,八路军警备第 1 团改编为陕甘宁晋绥联防军警备第 3 旅 7 团。王学礼任警备 7 团 2 营教导员。

国民党顽固派反动的第二次摩擦被粉碎以后,陕甘宁边区出现了相对和平与稳定的局面。为了加强部队政治建设,成为文武双全的精锐之师,陕甘宁晋绥联防军根据毛泽东同志“没有文化的军队是愚蠢的军队,而愚蠢的军队是不能战胜敌人的”指示,确定 1942 年为“部队文化学习运动年”,号召各部队突击学习政治理论和科学文化知识。为指导部队的学习,警备 7 团成立了文化运动委员会,负责领导文化学习,各营、连成立了文化学习运动指挥小组,针对指战员文化程度不同的实际情况,以营为单位,开设了启蒙班、初级班、中级班。王学礼立即在全营组织开展了以扫盲为主的文化学习运动,军营变成大学校,指战员当学生,从清早到夜晚,到处是一片朗朗读书声。

王学礼积极发动全营指战员解决缺少师资、教材和经费的困难。他和有一定文化程度的干部主动任教,并挑选少数文化水平较高的战士充当教员,根据指战员学习的实际需要,自己动手编写了识字课本,绘制了看图识字手册,选用马列著作和报刊上的有关文章作辅导教材。上级发给警备 2 营的文化经费有限,只能给每个指战员发放两张麻纸用来做笔记,远远满足不了战士们的需要。王学礼拿出自己仅有的15元边币,买了本子、铅笔送给战士们学习使用,在他的带动下,全营有钱的出钱,有力的出力,想方设法添置学习用品。

文化学习在警备2营开展得如火如荼。大家拿树枝削成木头笔,在沙盘、地面上练习写字;用桦树皮做本子记录生字;用羊毛扎制毛笔、锅烟灰当墨粉、染料做墨水,在麻纸上写文章。王学礼还带人上山采来石坯,打磨加工成为石板,用来演算数学习题。教学中没有粉笔,指战员们把本地出产的白土碾碎、经过箩筛、加入面汤、用劲捣实、抽条晒干后比粉笔还要耐用。在指战员的共同努力下,每个人都有了笔墨、纸张、课本,学习的劲头更足了。为了使指战员们识字快、记得牢,王学礼带领各连的指导员,经过不断摸索和改进创造出了"扑克识字法"——用硬纸做成卡片,剪成扑克状,每张都写上生词或有关的政治、军事术语。如"努力""生产""保卫""延安"等等。一副扑克牌共有54张,100多个字,根据需要,字数还可多可少,可难可易。指战员们玩"扑克牌"时,参加人数3至5人,每人只许拿6张牌,能够配成句子的就放下来,配不成句子就在剩余的牌中依次轮流调换,最先配成句子的人获胜。王学礼还教大家"指物学字"——看到枪就学写"枪",看到鸟就学写"鸟"。学习开展到一定程度,王学礼又改进学习方法,要求指战员们学写句子,或写短信,让同志们之间以书信的形式互致问候。这些土办法,对指战员们的学习促进很大。经过几个月的突击学习,警备2营许多文盲战士能写200字以上的家信了。当战士们第一次给父母、妻子写信时,激动得眼泪直流。每次写家信,战士们打好草稿,王学礼就认真地批改,纠正错别字,加上标点,然后要求战士们再誊写一遍,这就可以寄回家乡了。

警备2营的广大指战员把文化学习当作战斗任务来完成，王学礼要求各连成立了学习组，大家结成帮学对子，互教互学，共同进步。指战员下地生产劳动都要带上书报课本，走在路上记几个生字，劳动的休息时间里背几遍课文，利用一切空闲时间抓紧学习。当时，晚上看书、读报，大家最喜欢看的是《留守兵团的英雄们与模范者》《八路军的英雄们》《刘志丹的故事》等书刊。在地上练字，油灯不够用就在月光下的空地里学习，有的战士睡下后，还要在肚皮上画一阵白天学习的内容。遇到下雨天，他就指示营、连干部抓紧不出工的时间，组织大家上课学文化。他还带领指战员积极创造学习条件，有的战士在炕头用泥砖垒起学习柜，里面放置笔墨、书籍；有的战士在教室门前、住房附近的树下修造石桌、石凳用来学习讨论；还有的战士在窑洞、住房、地下、树干上都写上字、词、口号和标语，以便随时读写记忆。

在王学礼的精心组织下，警备2营指战员经过一年的刻苦学习，全部摘掉了文盲的帽子，营、连干部普遍能担任军事、文化教学和拟订工作计划，战士都能看书、读报、写家信了。全营的算术水平也有了一定的进步，不少同志还学会了打算盘、记账。许多战士过去不懂为什么会有白天和黑夜，天上为什么会打雷下雨，一年为什么会有春、夏、秋、冬的科学常识，通过学习也知道了这方面的科学知识，不再相信封建迷信了。文化学习运动提高了指战员的文化素质，对部队建设产生了深远影响。

大生产运动开始后，边区留守部队的指战员们，坚决响应党中央“屯田”号召，提出“背枪上战场，禾锄到田庄”的战斗口号，分别到南泥湾、槐树庄、张村驿、大风川、小风川、豹子湾等地开展军垦屯田。当时，王学礼所在的警备2营部队驻守在陕北的定边县和盐池县，指战员缺吃少穿，

警3旅开展大生产运动

生活困难，吃窝头、啃咸菜，冬天缺少毛巾、鞋袜、被褥和日常用品，衣服补丁上再缝补丁，有的地方还露出了皮肉。部队偶尔发几米线、几尺布——那布叫作“三八布”“四八布”，质地很差，比麻袋片强不了多少。晚上没有灯，部队点燃松明子照亮。吸烟的人没有烟，用废纸卷酸枣叶子当烟抽。热天、雨天指战员没有帽子戴，剥下桦树皮自己做一顶遮风挡雨。甚至有的指战员的饭盒、鞋底也是用桦树皮做的。

王学礼受命带领警备2营部分指战员参加了警备第3旅7团的打盐队。进入生产地域，他立即召开全营动员大会，讲清大生产的重大意义，对指战员说：“我们八路军打仗是英雄，生产也要当好汉，一把锄头一杆枪，生产自救，保卫党中央。”动员会上，王学礼还给大家讲了毛泽东同志亲自种菜的故事：大生产运动一开始，毛泽东同志号召机关、学校“一面工作，一面学习，一面生产”。党中央和边区政府不仅制定政策，正确领导机关、学校的大生产运动，而且主要领导人以身作则，亲自躬行，与人民群众一起艰苦奋斗。毛泽东同志于百忙中抽出时间，在杨家岭自己所住窑洞下的山坡边开了一块地，种植蔬菜，经常利用休息时间锄草、施肥、浇水，精心进行田间管理……

陕甘宁革命根据地的“三边”(陕西省的定边县、安边县、靖边县)地区,盛产食盐、皮毛、甘草,人称三边“三宝”。王学礼通过考察,把“三边”的“三宝”和开发的历史编成故事,反复讲给战士们,使大家了解打盐、挖甘草对于发展解放区经济和保障军民生活供给的重要性。

定边的食盐开采始于秦、汉,定边曾有一个响亮的名字叫古“盐州”。定边的地理位置也很特殊,位于四省的交界之地,西边与宁夏的盐池接壤,北边与鄂尔多斯草原相连,南边与甘肃环县毗邻。古时盐道上大都是驼、骡、驴行走,很少有车辆通行。1936 年 6 月,红军西征的第 15 军团 78 师刚刚解放定边,中华苏维埃中央政府国民经济部部长毛泽民就风尘仆仆来到定边,组织军民进行以食盐、皮毛、甘草为主的生产贸易活动。陕甘宁边区政府时期,这里的运量陡增,人、畜、车争道现象时有发生,边区政府组织修建拓宽道路,从 1940 年开始,组织修建了定(边)庆(阳)路支线的庆阳至西华池段 300 多公里, 之后又完成了边区 1000 多公里的大车路交通网。1940 年后,在这里参加生产食盐的包括王震率领的八路军第 359 旅1 个团,共 3000 多人,王学礼所在的部队就与当地盐民、盐贩子在湖边的长城上挖了几百个土窑居住。“三边”盐业成为陕甘宁边区政府的财政支柱,被誉为当时边区的“第一财政”。陕甘宁边区政府主席林伯渠说:“盐是边区用来进行外贸的主要物资,对边区来说,盐就是粮和布。”中共中央西北局曾明确指出:“食盐产销成为发展边区经济的最重要一部分,甚至关系到边区的生死存亡。”将食盐的价值提升到如此地步,它已经不是食物问题,是经济问题,更是政治问题。

王学礼和部队打盐的老盐池,方圆 50 多公里,是个露天盐场。在捞盐前,指战员们先将池里的积水灌满盐田,太阳晒过几天后,盐田的水分被蒸发，盐粒结晶，才能将盐粒捞出，铲到周围堆积起来，等待收购食盐的商队购买、运走，整个工序这样循环反复，每个周期需要一星期左右的时间。王学礼和指战员虚心向当地的蒙古族、汉族盐户学习，很快掌握了挖井、修坝、灌水、起盐、洗盐的全套技术。当地群众亲切地称打盐队是“八路生产军”。王学礼带领的打盐队到盐田的第二天，当日就掏了5个水井，还使每个井的水眼由一两个增加到三四个，为打盐创造了条件，也便利了和打盐队用同一个井打水的老盐户们使用。

在打盐的过程中，一个新的水眼被挖出来了，大量的盐水向外涌出，指战员们就兴奋地叫起来。但水多了往往又会妨碍挖盐，指战员们舍不得用泥堵住，王学礼就和同志们常常脱下自己的衣服去堵塞又黑又臭的盐水眼，这使周围的老盐户深为感动。一位50多岁的老人对王学礼说：“你们和刘志丹的少年先锋连打仗一个样儿——那些十五六岁的好后生，一股劲地向敌人冲去，直到把坏蛋干掉。”有战士说：“我们的王教导员当年还给少年先锋连当过指导员呢！”老人竖起大拇指，夸赞王学礼是个英雄！老盐池上有一个最老的盐户姓姬，他看到王学礼带领的打盐队坝子小，就主动把全家经营了十多年的一个最大的坝子让出来给他们。群众的无私支援，进一步激发了王学礼和打盐队指战员的生产热情。

每天一大早，王学礼带领的打盐队就背着工具，排着整齐的队伍上工了。一块块形状不一的盐田里，到处是忙碌的指战员们。王学礼挽起袖子和大家一起挖井、修坝，赤胸裸背、顶着烈日、大干苦干，汗水顺着脊背往下直淌。艰苦的劳动很快就得到了回报，一股股黑乎乎的盐水流进盐田里，经过自然蒸发，白花花、亮晶晶的盐粒就长出来了。指战员们再用铁耙镂开盐层，用木耙子将一粒粒混杂着泥土的盐粒在水里耙，直到洗净后才堆积在一起。然后，用筐子挑出来，在盐田旁堆成了一座座小盐山。指战员们你追我赶，干得热火朝天，邻近的盐工看得眼热，高声喊："八路同志加油呀！"指战员们齐声回应："加油！加油！"打盐场地上响起军民欢快的笑声。休息时，王学礼带领三五成群的指战员，有滋有味地玩起自做的军棋、象棋，有人还会拉着自制的胡琴唱上两句"信天游"。上工的哨音响了，指战员们又立即回到各自的岗位，盐池上到处呈现出一派热烈的紧张劳动的生产场面。

有时候，盐井里的水量有限，白天警备第2营打盐队和老百姓一起灌水，结果两家都不够用。于是，王学礼就带领打盐队提前到上半夜灌水，到后半夜井水就渗满了，这样在第二天就能把水留给老百姓使用。夜晚灌水，白天太阳一晒就能长盐，但如果遇到天阴下雨，盐就会融化，这样就要指战员昼夜不停地抢时间打盐。王学礼和指战员们在夜里抢时间打盐，为了照明，就在盐田中间燃起一堆熊熊燃烧的篝火。在明亮的篝火映照下，快速穿梭往返的指战员，有时会不小心摔倒。摔倒的人，也顾不得看看自己的伤，立马爬起来再继续干。

盐水的腐蚀性大，一双鞋穿不了几天就烂了。有的指战员一时没鞋穿，就光着脚挑盐，盐粒硌脚，比在石子路上还难走，磨得双脚血肉模糊，还在咬紧牙关坚持。在打盐的日子里，有许多指战员的手脚被盐粒划破，有的腿上生了蚕豆大的疮，化脓溃烂，疼痛难忍。王学礼安排受伤的人员休息，可他们硬是不听命令，第二天清早又到盐田里继续参加生产劳动。

在"三边"一带，春天至夏初是刮风的季节，几乎天天狂风浩荡，沙尘弥漫。即使一场大雨过后，盐田连遭大风袭击，很快积水就会被风吹干。为了预防盐旱，王学礼和指战员们常常加班抢盐，较往日劳动强度成倍增长。艰苦的劳动，不但锻炼了指战员们的革命意志，而且换来了丰硕的成果，王学礼带领的打盐队第一次就打盐八百余驮，由于质量好，卖了个好价钱，还赢得了良好的声誉。从此，各地的商户争相购买他们的食盐，运往缺盐的地区销售。

1943 年夏末，为了加快食盐运输，扩大盐业生产，王学礼在警备第 2 营组织了耕牛运盐队，把盐运往 300 里以外的张家畔边区食盐公司，积极发展了运盐副业。运盐队用耕牛驮盐，打破了当地群众历年来耕牛只耕地、拉车不驮盐的历史，当地群众也纷纷效仿，组织耕牛驮盐。用耕牛驮盐，提高了效率，增加了收入，还缓解了边区军民缺少运输工具的困难。

在艰苦的大生产岁月里，王学礼在警备第 2 营积极开展思想政治工作，发动指战员结成“对子”，开展互帮互学，确保圆满地完成各项任务。干部的模范带头作用是最有力的思想政治工作方式方法，王学礼不但身先士卒和大家同甘共苦，还在劳动间隙、饭前饭后经常深入到群众和战士们中去拉家常，了解他们的思想状况，解决他们及其家庭的实际困难。有一段时间，打盐队里有少数战士在生产中产生了怕苦畏难情绪，厌倦部队的艰苦生活，想回解放区的家乡。为了解决这些战士的思想问题，王学礼把他们召集在一起讲郝树才①“气死牛”的故事，并结合郝树才的先进事迹，在打盐队的指战员中掀起了轰轰烈烈地学习“气死牛”、赶上“气死牛”的活动，大家还编了山歌传唱：

学习“气死牛”，
拼命争上游，
甩开膀子干，

争取开二亩呀！
学习“气死牛”
争当火车头，
上山早，回家晚，
自力更生保延安呀。
……

打盐队的指战员们被郝树才“气死牛”的革命精神所感动，大家你一言，我一语，纷纷表决心：学习郝树才，生产当模范。王学礼因势利导，把劳动竞赛和评比奖励作为教育指战员、推动工作的重要方法，不断激发大家的革命积极性，培养革命英雄主义精神。

1944 年春，为了利用当地丰富的甘草资源，进一步扩大农副业生产，增加部队收入，王学礼受命组织了挖甘草专业队，带领指战员在“三边”的天池子一带挖甘草。在生产劳动中，王学礼组织开展群众性的竞赛活动，采取精神奖励为主，物质奖励为辅的措施，调动指战员的生产劳动积极性。王学礼主办了《生产战线快报》，发到每个建制班，及时报道在生产中涌现出来的好人好事，介绍生产中的新技术和先进经验。每当快报出版，指战员都争相阅读，起到了积极的宣传鼓动作用。

5 月，为了纪念刘志丹、庆祝“志丹陵”落成，王学礼在部队开展了“纪念志丹周”活动，并倡议成立“志丹突击队”，得到指战员们的积极赞同。“志丹突击队”成立后，作出奖励决定：一是夺优胜旗，每天哪个班挖的甘草最多，就能夺得优胜旗，并给予一定的物质奖励；二是每天能挖 40 斤甘草以上的人，连队以荞面馍和猪肉菜设宴招待。决定一公布，指战员踊跃参加，积极投入生产突击活动。以往一个连一天挖 1000 斤左右的甘草,在成立突击队后有的排就能达到这个指标了。开展生动活泼的竞赛和奖励活动,使指战员一直保持着旺盛的革命干劲,提前超额完成了挖甘草的任务,受到上级的表彰。

王学礼带领警备第 2 营指战员自力更生、艰苦创业,经过短短几年的努力,使他所在部队的粮食、被服、经费和大部分生活用品达到了全部自给,尚有节余。过去,连队伙食费靠部队每月发放,吃饭定量,缺油少菜,更不用说吃肉了。通过发展生产,连队每人每月平均达到 5 斤猪肉,每人每天有 1 斤菜、半两油。王学礼所在的生产部队出现了猪满圈、粮满仓、牛羊成群、五谷丰登、六畜兴旺的景象。除了部队生产自给,节余的物资都支援了边区政府和人民。

王学礼所在部队在开展大生产运动中喜获丰收。各营指战员纷纷把部队生产的农副产品送给毛泽东、朱德等中央首长和党中央、西北局机关,受到了中央首长的嘉勉。

10 月, 毛泽东同志在边区高级干部会议上提出边区部队冬季要来一个大练兵活动,陕甘宁晋绥联防军司令部制定了“以兵为主、以技术为主”的整训方针。在各部队开展了以射击、投弹、刺杀三大技术为主的冬季大练兵运动,王学礼带领所率生产部队积极投入到热火朝天的冬季练兵运动中。

王学礼率领的警备第 2 营生产部队指战员基本上是穷苦农民出身,大多数没有经过正规的军事训练。为了提高大家的战术水平,掌握过硬的杀敌本领,他把思想政治工作做到训练现场。深入动员,引导少数战士克服“打仗不用学,只凭勇敢就能打胜仗”的模糊认识,提出:“生产不忘战斗,保卫党中央、毛主席的任务重于生命”的战斗口号,激发了全体指战员的练兵热情。缺少军事训练器材，王学礼就和战士们一起想办法，就地取材，把石头和城墙砖开凿成石锁、砖锁，练投弹的臂力。在冬季大练兵运动中，王学礼和指战员们不分节假日，经常晚睡早起，每天不等司号员吹起床号，同志们都提前起床了。在王学礼的组织下，指战员采取“官教兵、兵教兵”的群众练兵方法，干部与战士一起摸爬滚打，不畏天寒地冻，互帮互学，苦练巧练，积极开展争当优秀投弹手、优秀射击手、优秀刺杀手的“三手”训练活动。在训练中，王学礼还要求各连制作训练成绩图表，每周公布训练成绩，鼓励大家争上游、夺红旗、挂奖章等活动，掀起了扎扎实实的练兵热潮。经过冬季大练兵，王学礼所部指战员的军政素质得到了很大提高，100多人获得了陕甘宁晋绥联防军颁发的奖章、奖品。

在繁忙的生产、紧张的训练中，王学礼十分注意丰富部队文化生活，引导大家劳逸结合。每逢星期天，营地有洗衣服的，有学文化的，有写家信的，有唱歌、打球的，还有人三三两两地到山沟里寻找野党参，挖来熬水喝，滋补身体。

王学礼和年轻战士最感兴趣的是找蜂蜜和套野鸡，他们用桦树皮卷成手指粗的圆筒，在野花丛中捉几只蜜蜂装到筒里，然后逐个放飞，再跟踪放飞的蜜蜂找到蜂巢后，用一根长棍子扎上一把干草，点着火伸到蜂巢附近，把蜂巢外面的蜜蜂熏跑，然后将蜂巢割下拿回来熬蜜。王学礼套野鸡的办法很奇特，是用4寸多长的木叉和马尾做成套子，在野鸡多的地方下了套，再给套子周围撒些粮食，人躲在隐蔽的地方观察，只要野鸡一吃食，听到“扑楞”一声就套住了。这些有益的活动，消除了生产训练的疲劳，改善了生活，给大家增添了许多的乐趣。

在艰苦的条件下，王学礼和指战员用自己的双手改变生活条件，开展了“革命家务”活动。大家动手修整和重建营区道路、住房、厨房、厕所。经过建设的营区道路平坦了，两旁绿柳成阴；营区是雪白的墙壁、整洁的宿舍，没有苍蝇的厨房，洁净的厕所。在连队军人俱乐部里、在运动场上，到处飘荡着欢声笑语。战士宿舍的雪白墙上挂着崭新的挎包，学习台上面有序地摆放着文化课本、练习簿和《部队生活报》。指战员们自制的枪架上，机关枪、步枪整齐地排列着，入鞘的刺刀紧靠在枪旁，擦亮的子弹盘在台架上。军营内外发生了可喜的变化，展现出勃勃生机。

1945 年 4 月，陕甘宁革命根据地“三边”地区军民为了纪念警备第 3 旅前身各部队在土地革命时期、抗日战争时期（1934—1945 年）和在保卫陕甘宁边区战斗中牺牲的 544 名烈士，由警备第 3 旅、“三边”分区党政军负责同志发起，在各界团体和个人的热心捐助下，在定边兴建了警备第 3 旅革命烈士纪念塔。在建塔工程破土动工后，警备第 3 旅派专人去延安，带了和石碑大小相同的纸张，请毛泽东和朱德为纪念塔题词。毛泽东欣然命笔写下：“死的安息罢，生的继续战斗，新中国是我们的”几个大字。朱德也为警备第 3 旅死难烈士亲笔题词：“保卫三边，为人民服务，烈士英名真不朽！”广大指战员得知毛泽东和朱德同志为纪念塔题词的消息后，受到极大的鼓舞。王学礼及时把珍贵的题词作为生动的教材，教育广大指战员牢记全心全意为人民服务的宗旨，努力生产，消灭敌人，用鲜血和生命保卫陕甘宁边区，为建立新中国努力奋斗。

9 月 1 日，“三边”各界代表万余人在定边县东关隆重集会，举行警备第 3 旅革命烈士纪念碑揭幕仪式。王学礼作为军队代表出席了庆祝大会，在期间工工整整抄录了警备第 3 旅革命烈士纪念塔碑文。回到部队，王学礼组织指战员学习革命烈士纪念塔的碑文，回顾警备第 3 旅的战斗历程，指战员们踊跃发言，缅怀先烈，决心继承烈士遗志，打倒蒋介石，解放全中国，将革命进行到底。

10月，警备第3旅密切配合中共地下党的工作，策动地方武装举行起义，将驻守在安边县的国民党地方部队第11旅旅部和第1团2000多人改编为八路军新11旅第1、2、3团。

11月，王学礼奉命调到新11旅第2团任政治部主任。在此期间，他积极做好起义部队的思想政治工作，解除起义官兵的思想顾虑，提高了部队素质。

注释：

①郝树才，在大生产运动中，八路军留守兵团警备第3旅8团2连战士郝树才用一把大板镢，创下了一天开荒4亩3分的最高纪录，被评为劳动模范到延安参加了庆功会，毛泽东同志亲自奖给他生产工具和纪念品。周边的群众听说后惊奇地说：“一头牛一天耕一亩多熟地，这个人真把牛都气死了！”《解放日报》便以《“气死牛”的英雄郝树才》为题，报道了他的事迹。

第八章　炮震敌胆

1945年9月，延安炮兵学校第1期培训的1000名学员，分配到5个炮兵团担任了各级骨干。随着战争局势的变化和炮兵发展的需要，为了加快各作战部队的炮兵建设，中共中央军委决定将延安炮兵学校迁往东北。延安炮兵学校在校的1000多人分3个梯队迅速北上进入东北；另一部分10余名教学人员带着教案和教学仪器，跟随胡耀邦同志率领的北上部队，出延安，东渡黄河，向晋察冀、晋热辽挺进。

1946年6月1日，陕甘宁晋绥联防军司令部直属炮兵营，在南泥湾原延安炮兵学校[①]旧址成立，张占彪任营长，王学礼任政委。

陕甘宁晋绥联防军司令部直属炮兵营就是以延安炮校调赴东北留下的16名干部和8门火炮为基础，抽调警备第3旅9团1连、5团8连、警备第1旅3团6连、延安警卫团第2连在陕西延安南泥湾组建的。炮兵营下辖3个连，第1连由警备第3旅9团1连改编，第2连由警备第1旅3团6连改编，第3连由警备第3旅5团8连和延安警卫团第2连合编。同时，从甘肃华池县抗大第7分校调来50余名学员，充任各连班长和观通员，全营共500余人。

王学礼刚上任就接到上级通知：周恩来副主席指示将自己购买的一具高级炮队镜留给陕甘宁晋绥联防军司令部直属炮兵营使用。炮队镜是炮兵侦察作战不可缺少的重要器材。延安炮兵学校成立初期，为了提高炮兵的战术水平，解决炮兵器材极其缺乏的困难，周恩来通过一位国际友人的帮助，从德国购买了一具高级炮队镜，赠送给延安炮校。1946 年 4 月，延安炮兵学校的主力东进，开赴前线，留下部分骨干组建陕甘宁晋绥联防军司令部直属炮兵营。这时，两个炮兵单位都想继续使用这具宝贵的炮队镜，相执不下，只好上报给周恩来决定。最后，根据周恩来副主席的指示，这具高级炮队镜转赠给陕甘宁晋绥联防军司令部直属炮兵营。王学礼以周恩来赠予的高级炮队镜为主题，在炮兵营指战员中适时开展思想政治工作，大家纷纷表决心要将炮兵营建设成为人民军队第一流的炮兵部队，绝不辜负周恩来的殷切希望。

1959 年，这具高级炮队镜被送到北京军事博物馆保存展览。

陕甘宁晋绥联防军司令部直属炮兵营成立的时候，人民军队的炮兵力量还十分薄弱，炮兵营使用的山炮、步兵炮都是从日军、军阀阎锡山手中缴获的。由于火炮陈旧落后，炮弹极其缺乏，给训练和作战带来了很大的困难。为了迅速提高炮兵营的战斗力，王学礼和营长带领全体指战员因陋就简，迅速投入到紧张的战前训练中，发动全营指战员群策群力，苦练杀敌本领，努力提高射击技术。有的火炮没有标尺，或缺少瞄准镜，王学礼和指战员就设法自己动手制作简易器材代替。由于炮弹奇缺，上级交给炮兵的主要任务是摧毁敌人的明碉暗堡和据点工事。因此，炮兵营在训练中要求指战员必须做到单炮独立作战，炮手熟练掌握直接瞄准、抵近射击的技术要领，练就百发百中的真功夫，力争以少量的炮弹完成战斗任务。

在 3 个月的紧张训练中，王学礼和连队指导员积极做好思想政治工作，把从各单位抽调来的指战员团结成一个坚强的战斗集体。许多从来没有摸过火炮的指战员，通过勤学苦练掌握了基本的炮兵操作技术，个个都成为操炮能手和神炮手，立即投入到部队的战斗序列。

抗战胜利后，国民党蒋介石集团撕毁谈判协定，悍然发动内战，大规模调集兵力进攻解放区。正在积极进行和平建设的陕甘宁边区不断遭到国民党军的挑衅和侵犯。从 1945 年 9 月至 1946 年 6 月，历时 10 个月的时间里，国民党蒋介石集团对陕甘宁边区继续进行严密封锁和包围，同时不断进行试探性的武装挑衅和骚扰，包围陕甘宁边区的国民党军最多时有 18 个师、3 个旅、12 个保安团，总兵力约 20 万人。特别是集结在陕甘宁边区南面的国民党军胡宗南部，加强备战训练，准备作为进攻陕甘宁边区的主力部队。与此同时，蒋介石调集 20 多万重兵，将中原军区 6 万多人包围于河南宣化店地区，妄图一举歼灭。

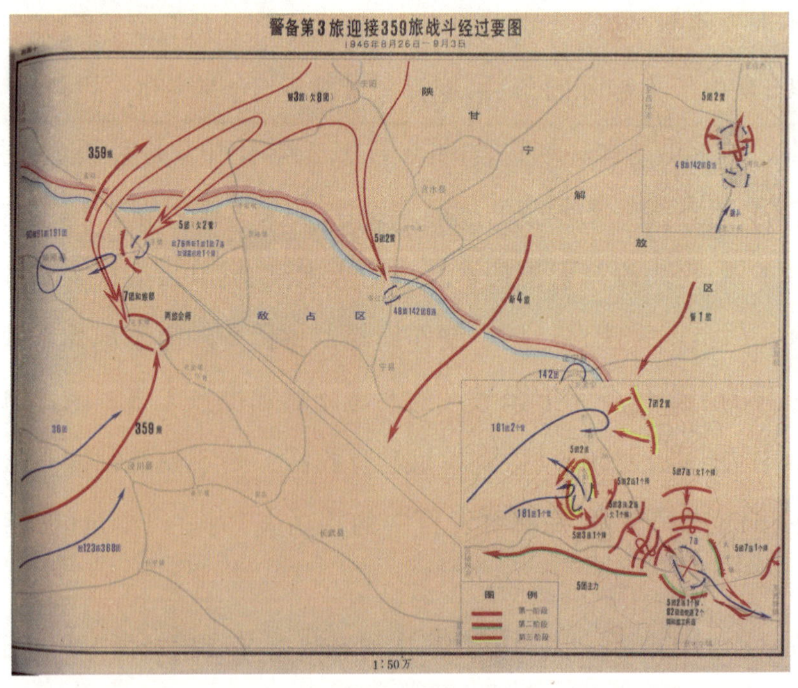

6月26日，国民党军向中原军区部队进攻，中原军区分六路突围。其中由王震率领的第359旅等部，连续突破国民党军的堵截、追击，渡过丹江，于7月14日到达淅川地区，经过浴血奋战，突破敌人的重重包围，于8月2日进入陕南镇安地区后，胡宗南又调集重兵企图围歼第359旅于陕南地区。王震率部于8月16日进至留坝以东的宋之坪地区，由于国民党军不断增加兵力追击，王震所部得不到衣食补充，加之连续遭受敌人的袭扰，部队体力消耗过大，疲惫异常。王震请示中共中央批准后，率部北上返回陕甘宁边区，计划于8月28日前后经过镇原、宁县、正宁等地进入陕甘宁边区。为了粉碎敌人追歼第359旅的企图，陕甘宁晋绥联防军决定组织迎接王震所部的战役，出击南线，消灭围追堵截的国民党军。

1946年8月29日，警备第3旅参加“迎王战役”，在屯子镇至肖金镇公路上与王震将军率领的359旅胜利会师

在迎接王震率第359旅从中原地区返回陕甘宁边区的战役中，上级命令直属炮兵营第1、2连配合新4旅第771团在镇原县坪子镇地区，消灭企图阻挡王震率部会师的国民党军陕西省保安队的两个连。战斗前，王学礼深入连队进行初战动员，教育大家树立战则必胜的思想，并和参战部队一起制定了详细的步兵和炮兵联合作

战的部署。随后,他又在前沿阵地进行了战场宣传鼓动和炮兵射击技术的具体指导。

傍晚战斗打响,炮兵营第1、2连炮手连续发射5发炮弹,均没有命中目标,只好撤出战斗,战斗部署进行调整。王学礼和大家认真查原因、找教训,分析了炮手发射没有击中目标的原因,经过分析炮手发射技术原因,结合对敌工事的再次侦察,提出了新的作战技术,并进行反复演练。

第二天,在指挥部发出攻击号令后,王学礼立即带领直属炮兵营炮手以直接瞄准射击的战术,连续发射了20多发炮弹,一举摧毁国民党军的碉堡和机炮火力点,为步兵成功地开辟了冲锋道路。在激战中,王学礼抓住战机,带领炮兵又用炮火支援步兵冲锋,击退了敌军的3次增援反扑,全歼坪子镇的守敌,缴获敌人大量的武器弹药和战备物资。炮兵营发挥炮火优势,首建战功,极大地鼓舞了全体指战员的士气。

坪子镇战斗后,根据部队作战的需要,陕甘宁晋绥联防军司令部决定将直属炮兵营的3个连分别配属各部队作战。王学礼奉命带领直属炮兵营第2连执行战斗任务。

1946年7月至11月,正是国民党蒋介石集团以围攻中原解放区为起点挑起全面内战的时候。为配合国民党军在全国的其他战场进攻,胡宗南部向陕甘宁边区发动了两次大规模的军事侵犯。中共中央西北局书记习仲勋在《解放日报》发文《提高警惕保卫边区》,号召解放区人民一致行动起来,为保卫边区而奋斗。10月,国民党政府军事委员会参谋总长陈诚、国防部长白崇禧等人先后到西安进行新的部署,国民党军对陕甘宁边区形成了由南、西、北三面合击的态势。国民党军驻防榆林的第86

师首先向绥德分区的佳县、米脂和“三边”分区的靖边等地进攻，侵占了一些村镇。胡宗南空运所部第28旅83团到榆林，监督第86师等进攻陕甘宁边区。国民党军马鸿逵部第8、81师也从西北方向相继侵犯边区，配合从晋南西渡黄河的胡宗南部第1、90师再次闪击延安。这期间，包围陕甘宁边区的国民党军共有8个师、23个旅、15个保安团、2个空军大队、2个独立炮兵团、2个工兵团、1个装甲兵团，进攻陕甘宁边区总计达70余次。在中共中央的领导下，边区军民进行了顽强反击。

10月，上级命令王学礼所率直属炮兵营第2连为迎接国民党军骑兵第6师起义，配合新4旅第16团进攻国民党军子洲县武家坡据点，歼灭国民党军保安大队特务营，拔掉国民党军安插在陕甘宁边区外围的这颗钉子。

武家坡历来是兵家必争之地，地形险要，三面悬崖峭壁，一面深壕大沟，易守难攻。国民党军驻守的1个特务营在山冈上安营扎寨，寨墙高厚坚固，设有明碉暗堡。王学礼带领第2连进入指定区域，组织侦察小分队摸到武家坡对面的山头上勘察地形，选准阵地后，他和战士们一起构筑了炮兵发射工事。

战斗打响，王学礼命令炮兵营第2连发射20多发炮弹猛轰敌人固守的寨墙，准备炸开缺口。说来也巧，其中1发炮弹没打准目标，呼啸着飞过寨墙，这时国民党军特务营的一个连正围在院子里吃饭，这发炮弹不偏不斜正好落在敌军当中，随着一声沉闷的爆炸声，顿时炸得敌人乱作一团，死的死，伤的伤，敌人一个连几乎损失殆尽，残余的敌人被炮火的威力所震慑，一个个吓得躲进工事碉堡里不敢露面。在炮兵营第2连的有力配合下，步兵乘机发起冲锋，敌营长组织兵力死守阵地，使新4旅第16团步兵进攻一时受阻，但在炮兵营第2连炮火的威力震慑下，敌特务营官兵一个个悄悄地躲进窑洞里，不敢进行战斗反击。天色渐渐暗下来后，敌营长乘夜打开寨门突围，王学礼及时发现敌人逃跑的动向，立即命令炮兵营第2连再次进行猛烈的炮击，第16团步兵也在有利地形上隐蔽伏击，迫使敌特务营纷纷缴械投降，敌营长也当了俘虏。

攻打武家坡据点的战斗，王学礼带领炮兵营第2连配合步兵部队打了一个漂亮仗，步兵团的指战员纷纷为炮兵营第2连请功。从这以后，王学礼所率炮兵营第2连在炮火纷飞的战场上，不断建立新的战功。

13日，中共中央西北局召开干部动员大会，习仲勋、林伯渠、李鼎铭到会讲话，号召全体军民立即行动起来，保卫边区，保卫延安，保卫毛主席，把侵犯者坚决打出去。边区政府宣布成立总动员委员会，进一步加强对战备工作的领导。王学礼及时对所率部队传递了党中央的号召，在加强部队的思想政治工作的同时，认真总结了炮兵营第2连在前几次战斗中的经验教训，并刻苦训练，积极做好战斗前的各项准备工作。此时，中国共产党领导的人民武装在晋西反击国民党军取得胜利，解放了吕梁地区，胡宗南部第1、90师被迫再次东渡黄河救援。陕甘宁边区军民抓住有利时机，备战疏散工作有计划有步骤地进行，一些边区机关和人员向绥德方向疏散。国民党军闪击延安的计划又一次破灭了。

12月7日至9日，国民党军分两路向关中分区发动第一次进攻，均被陕甘宁边区军民击退。

30日，国民党军再次大举进犯关中分区，陕甘宁边区军民坚决反击，缴获山炮20门，机枪44挺，长枪700多支。同时，淳化和旬邑的国民党自卫队4个分队在战场起义。关中分区地方武装还收复了国民党军

1940 年侵占的赤水县新 5 区和西阳区,10000 多人民重返解放区。

1947 年 2 月,国民党军第三次大举进犯关中分区,此次国民党军共出动 8 个旅,其中 7 个旅约 5 万人在两架飞机配合下,兵分 5 路,从东、南、西三个方面进犯陕甘宁边区。王学礼率部跟随驻防关中分区的陕甘宁晋绥联防军新 4 旅、警备第 1、3 旅,在大量杀伤敌人之后,主动撤出,向延安方向靠拢。之后,王学礼又率炮兵营第 2 连配合警 3 旅第 5 团在关中一带钳制国民党军的后方部队,积极寻找战机歼灭敌人。

2 月 5 日夜,警备第 3 旅 5 团奉命向望宁里堡寨的国民党军实施突袭,与敌人遭遇,展开激战。王学礼当机立断,指挥炮兵营第 2 连连续发射炮弹,压制了国民党军的火力。在炮兵猛烈的炮火掩护下,警备第 5 团的步兵突击队迅速出击,指战员用筐子提着手榴弹,爬云梯登上城墙,仅用 10 分钟就到达堡寨,对敌人展开猛烈打击,歼灭敌人 100 多人。

20 日, 在攻打武汗塬大庄堡的战斗中, 王学礼率部配合警备第 5 团,深夜出发,隐蔽开进,于翌日拂晓到达大庄堡。这次战斗面对敌军的坚固工事,为了减少部队伤亡,王学礼建议先由炮兵摧毁敌人的工事后,步兵再随机发起冲锋。炮兵营第 2 连首先进行炮击打响战斗,炮火摧毁了敌人的火力点,给敌军以大量杀伤。之后,在炮火掩护下,警备第 5 团步兵发起冲击,仅用 15 分钟全歼守敌 70 多人,缴获了大量武器弹药,而警备第 5 团仅付出伤亡 3 人的代价。

2 月,胡宗南部第 1、90 师东调山西后,国民党军对进犯陕甘宁边区的兵力进行了重新部署:从甘肃兰州、平凉东调的国民党军第 12 旅集结于彬县地区,第 28 旅一部集结于旬邑县职田镇,第 48、223 旅集结于同官、宜君县附近,第 76 师集结于泾河、渭河之间的麟游山区,进攻陕甘宁边区的国民党军共约 16 万人，重点是进攻关中分区，企图再次撕开闪击延安的突破口。

在这一阶段的战斗中，王学礼率陕甘宁晋绥联防军司令部直属炮兵营第 2 连配合警 3 旅第 7 团等部队参加战斗。在半年多时间里，王学礼率领的直属炮兵营第 2 连配合步兵部队作战，虽然每门炮只配备了有限的 50 发炮弹，但由于王学礼的指挥有力，炮兵营第 2 连指战员歼敌思想积极主动，每次都圆满地完成了战斗任务。

在梁庄战斗中，王学礼率炮兵营第 2 连配合警备第 7 团，发挥炮火攻击的优势，全歼国民党军第 123 旅 368 团团部和两个营的守敌。

在攻打淳化县小丘镇的战斗中，国民党军在镇口上修有一个三层楼的主碉堡，火力很强。当时，国民党军固守村镇主要依托碉堡，只要拔掉碉堡，敌人军心就容易动摇。上级要求王学礼部炮兵用 3 发炮弹击毁这个碉堡，掩护步兵冲击。为了有效地进行抵近射击，王学礼带领炮兵营第 2 连在前一天夜晚，神不知鬼不觉地将一门火炮推进到离敌军的主碉堡只有 70 多米远的距离，并将火炮严密伪装起来。天蒙蒙亮，指挥部下达了战斗命令，王学礼指挥炮手用炮管直接瞄准射击，第一发炮弹就打中目标，“轰隆”一声巨响，敌军的主碉堡在爆炸声中坍塌了，给警 3 旅 7 团的步兵排除了进攻的障碍，步兵立即发起冲锋，突破国民党军的前沿工事，仅激战半个多小时，就全歼守敌 1 个营。

在这次战斗中，王学礼指挥炮兵营第 2 连仅用一发炮弹完成战斗任务，在警备第 3 旅的指战员中一时传为佳话。

5 月 5 日，陕甘宁晋绥联防军司令员王世泰[②]率警 1 旅第 3 团和警 3 旅第 5 团在友邻部队的配合下，对成榆公路上国民党军队的重要补给

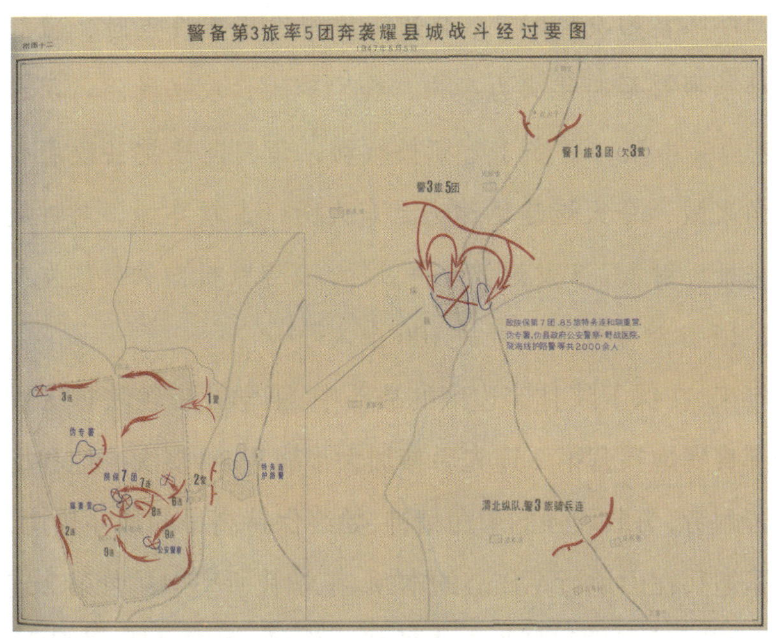

点——耀县,实施长距离奔袭,王学礼奉命率炮兵营第 2 连参加战斗。当激战至午后,联防军遭到据守县城钟鼓楼的国民党军顽强抵抗。因敌人居高临下,联防军屡攻不下,伤亡较大。在这战斗的危急时刻,王学礼急中生智,带着炮兵营第 2 连将火炮人拉肩扛到东大街,对钟鼓楼实施抵近射击,3 发炮弹命中目标,给防守的国民党军以毁灭性的打击。联防军步兵在炮兵营第 2 连的炮火掩护下,勇猛突击,迅速占领钟鼓楼,歼敌 100 多人,缴获了大量枪械和战备物资。耀县战斗的胜利,使这一地区的国民党军队后方补给线一度中断,有力地配合了联防军主力部队的作战,王学礼部和参战的指战员受到西北野战军司令部的通令嘉奖。

1987 年 12 月编写的《中国人民解放军步兵第 11 师军战史》中,关于王学礼带领炮兵营第 2 连 3 发炮弹命中目标,给国民党军队以毁灭性的打击有这样的记载:

……在炮火掩护下，8连云梯组进至架设点时，遭敌钟鼓楼前照壁后暗堡火力袭击，伤亡较大，攻击受阻。团遂改9连为突击队，并令1营积极行动，牵制国民党县政府和西北角之敌，令火炮连迅速进至东大街，占领阵地，对钟鼓楼实施抵近射击，3发炮弹命中目标，9连乘机向钟鼓楼发起进攻，15分钟即攻克，歼敌100余人……

一年来，在保卫陕甘宁边区的战斗中，王学礼带领陕甘宁晋绥联防军司令部直属炮兵营第2连先后参加大小战斗30多次。他和指战员们发扬吃苦耐劳，勇敢顽强的革命精神，始终保持高昂的战斗热情，在战斗中练就了炮兵在山地行军作战的本领。王学礼所率炮兵营第2连指战员以快、准、狠和敢于进行抵近射击的战斗作风，威震敌胆，有力地配合了步兵作战，对战斗的胜利起到了重要的作用。

1947年10月，年仅31岁的王学礼，由于战绩卓著，调任西北野战军第4纵队警备3旅5团任政治委员。

注释：

①延安炮兵学校，1938年，经中央军委和毛泽东同志批准，八路军总部炮兵团在山西临汾刘村镇和卧口村之间的大庙内宣告成立。1945年2月，依托八路军炮兵团的家底，延安炮兵学校开始正式编班，加上总部炮兵团的同志，共编成了10个炮兵学员队，1个工兵科，1个迫击炮教导队。3月15日，延安炮兵学校在南泥湾正式开课。为解决训练中人员多、器材少的矛盾，制定了“人闲炮不闲”的训练方法，即把科目、人员、器材、时间适当地加以分配，定期进行轮换，从而大大提高了训练效率。

②王世泰（1910—2008），陕西洛川县人。1928 年 3 月加入中国共产党。1930 年 10 月参加刘志丹领导的地下党组织活动，任党支部委员。1934 年 1 月当选为中华苏维埃中央政府执行委员。参加开辟陕甘边及陕北革命根据地斗争。历任西北野战军第 4 纵队司令员、纵队党委书记，中国人民解放军第 1 野战军第 4 军军长、军党委书记，中国人民解放军第 1 野战军前线委员会委员，第 1 野战军第2 兵团政治委员、党委副书记及中国人民解放军第 1 野战军前线委员会委员。先后参加了关中、陇东、宜川、瓦子街、荔北、扶眉等战役。中华人民共和国成立后任甘肃省政协四届委员会主席、五届省人大委员会主任，甘肃省人民政府副主席，西北铁路干线工程局党委书记，国家建委副主任，甘肃省委书记处书记等职。

第九章　屡建战功

王学礼调任西北野战军第4纵队警备第3旅5团政治委员时，正值胡宗南指挥23万兵力向陕甘宁边区疯狂进攻的紧急关头，他所在的部队奉命随西北野战军主力兵团，在党中央、毛泽东同志的指挥下，巧妙地与国民党军周旋。王学礼先后率部参加了延安南部、青化砭、宜川、陇东等战役和战斗，并率部配合主力部队歼灭了大量敌人。

从1947年3月开始，国民党军集中总兵力的43%，即90个旅，重点进攻解放区的东西两翼——山东解放区和陕北解放区。

3月16日，毛泽东同志发布命令：自3月17日起，陕甘宁边区的所有部队统归彭德怀、习仲勋指挥。3月31日，由陕甘宁野战集团军改编，彭德怀任司令员兼政治委员、习仲勋任副政治委员的西北野战兵团正式成立，稍后改称中国人民解放军西北野战军。

4月中旬，国民党军胡宗南部以8个旅由蟠龙、青化砭向西移动，以驻瓦窑堡的国民党军第135旅南下配合行动，企图歼灭西北野战军主力于蟠龙、青化砭西北地区。西北野战军以一部兵力向西吸引敌军主力，主力部队4个旅则在瓦窑堡以南设伏。4月14日，南下的国民党军第135旅4700余人进至羊马河地区，西北野战军经过8个小时的激战，将其全部歼灭，少将代旅长麦宗禹被俘。

10月9日，西北野战军围攻清涧，王学礼和警备第3旅5团奉命奔袭芝川镇，守敌国民党军第158团的一个营得悉后弃城逃跑，警备第5团占领芝川镇。

10日，王学礼率警备第5团又奉命攻占韩城东塬的赵家寨，配合西北野战军第2纵队歼灭韩城的国民党守军。赵家寨地处韩城东塬畔上，居高临下，与韩城县城相距1000多米，其火力可与城内的国民党守军互相支援，加之赵家寨的东、南、西三面寨墙高达10多米，各个制高点都有比较完备的防御体系，不远处还有炮兵阵地，是国民党军扼守韩城的重要据点。

11日2时30分，为了不失战机，乘守敌尚未发觉我军的意图之际，王学礼率警备第5团迅速出发进入阵地，第4、5连从南面隐蔽接近寨墙，立即组织突击队迅速架云梯登寨，守敌发现后阻击，在警备第5团机枪火力的掩护下，突击队强行登上寨墙，将敌人压缩回碉堡内，随即将敌人碉堡炸毁，俘虏守敌10余人。之后，王学礼指挥警备第5团又迅速包围寨子，再次突击占领了东南寨墙的大部分，迅速向寨内发展，与国民党守军展开激烈的巷战，相继攻克了守敌的10余座院落，俘获守敌副团长以下近500人和大量骡马、布匹，有力地配合野战军第2纵队攻克了韩城。接着，王学礼率警备第5团又参加了西北野战军攻克清涧县城的战斗，配合第2纵队全歼了国民党军第76师，俘敌中将师长廖昂和少将旅长张新。

19日，西北野战军第2、4纵队包围了宜川城，警备第3旅命令王学礼率警备第5团于当晚进抵宜川城南地区集结。

20日，王学礼率警备第5团奉命配合警备第1旅夺取凤翅山，主攻

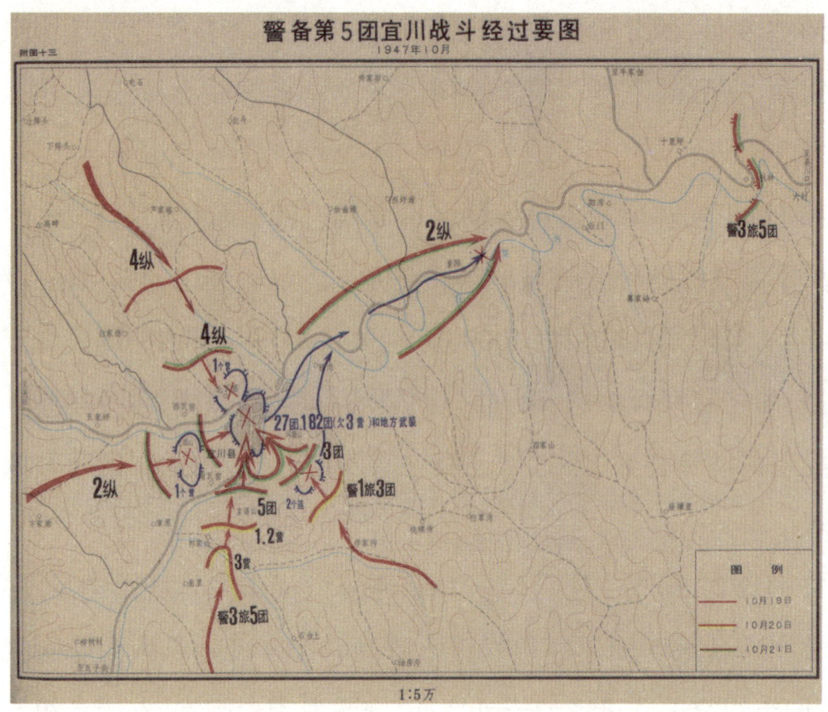

国民党守军在宜川城南的阵地。

21日拂晓,警备第5团接近宜川城郊,向南城楼发起猛烈攻击。在我军炮火的轰击下,南城周围一片烟雾,守敌的火力被压制,王学礼立即组织突击队,在烟雾的掩护下乘机接近城墙,迅速架云梯攀登城墙。国民党守军发现后,急忙向城下投掷大量集束手榴弹,阻止警备第5团突击队登城,战斗十分激烈。王学礼指挥突击队员浴血奋战,前赴后继,终于打开了一道缺口,突入城内。城内守敌弃城逃跑,王学礼部和警备第1旅第3团紧密配合,相继发起冲锋,全歼城内国民党守军,俘虏国民党军宜川中将总指挥许用修以下3300多人,缴获野战火炮4门、弹药100余吨。

在配合野战军第2纵队攻打韩城的赵家寨和宜川县城的战斗中,王学礼率警备第5团在连续34天的行军作战中,发扬连续战斗、不怕牺牲的精神,出其不意地突破敌军的防御阵地,有力地配合野战军主力作战,对全歼韩城和宜川守敌起到了重要作用。

自国民党胡宗南部入侵陕甘宁边区后,在边区各级党政军领导机构的指挥下,地方部队、游击队和民兵坚持就地斗争,对入侵的国民党军进行袭扰、牵制和打击,经常阻断敌军交通,伏击敌人车辆,攻打敌军据点,缉拿敌特分子,并寻机歼敌,搞得胡宗南部昼夜不得安宁。边区地方武装和西北野战军密切配合,使国民党军陷入了人民战争的汪洋大海之中。

在为期一年多保卫陕北解放区的作战中,王学礼率部配合西北野战军主力共对敌人进行了16次重要作战,逐步消灭了胡宗南集团的有生力量,取得了保卫陕甘宁边区的最后胜利。王学礼奉命率部休整,警备第5团补充了200多名翻身农民子弟和100多名“解放战士”,全团的战斗减员基本补齐。王学礼抓住部队休整的时机,及时给警备第5团指战员通报了西北野战军在保卫陕甘宁边区的战役、战斗中的伟大胜利,并在全团展开破城攻坚战术的大讨论活动,结合具体的战例,总结战术经验。全团掀起了轰轰烈烈的战前练兵,普及射击、投弹、刺杀、爆破、土工作业等五大战斗技术,尤其注重训练爆破和攻打水泥碉堡的战术,以此提高指战员攻坚作战的能力。

西北野战军在部队开展了以诉旧社会、反动派给予劳动人民之苦和查阶级、查工作、查斗志的“一诉三查”新式整军运动。王学礼带领全团指战员认真学习,联系每个人和部队在思想、作风建设上的实际,深入开展诉苦和“三查”活动。他和各级干部带头倒苦水、挖苦根,到各连队组织指战员控诉国民党反动派犯下的滔天罪行,帮助战士们进一步认清国民党的腐朽反动本质,明确了为谁当兵、为谁打仗,从而提高了全体指战员的阶级觉悟，增强了部队的战斗力。

1948 年初春，中共中央发出了“打倒蒋介石，解放全中国”的伟大号召，人民解放军转入了战略进攻。王学礼也于 2 月任西北野战军第 4 纵队警备第 3 旅 5 团团长兼政委。

2 月 12 日，经过新式整军运动教育的西北野战军主力分别从绥德、米脂、清涧、安塞地区南下到国统区进行外线作战。

22 日，西北野战军第 1、4 纵队集结于宜川外线待命，第 3、6 纵队向宜川攻击前进。

23 日，西北野战军第 2 纵队从晋南西渡黄河，北上参加宜川战役。国民党军胡宗南部为保延安、洛川、宜川等据点，企图以机动防御阻止西北野战军南进。西北野战军采取“围城打援”的战法，以一部兵力围攻宜川，诱敌出援，然后集中优势兵力，在运动中歼灭援敌。宜川被西北野战军围后告急，胡宗南急令刘戡率国民党军第 29 军军部和第 27、90 师所属 4 个旅由洛川东援。国民党军刘戡部进抵瓦子街地区遭野战军阻击后，即占领附近有利地形构筑工事，企图解宜川之围。国民党军以美械装备的第 27 师 47 旅 140 团(欠 1 个营)进至海州塬以南、任家湾以北地域沿山梁组织防御。王学礼所在的西北野战军警备第 3 旅经过新式整军运动，部队政治觉悟空前提高，士气旺盛，对首次参加大兵团作战，打出边区，打好 1948 年春季第一仗信心十足，并做好了充分的战前准备。王学礼奉命率第 5 团由海州塬西南向瓦子街以东之偏石村、任家湾攻击，战斗任务是配合友军全歼这一地区的国民党军。这次战斗中，第 7 团为主攻，王学礼率第 5 团为二梯队。

29 日清晨，因天下大雪，警备第 7 团延误了出发时间，未按时到达

进攻出发地域,出击正面被野战军独立第 1 旅占据。警备第 3 旅立即指挥机动部队越过贺家沟,向海州塬咀的国民党守军进攻。因进攻正面是一座高约 300 米的山梁,山梁上有 6 个山头,山梁两侧是深沟峡谷,坡度陡峭,地形险要,灌木丛深,加之警备第 3 旅正面的地形狭窄,兵力难以展开。警备第 3 旅部遂以第 7 团 3 营为主攻,2 营为二梯队,1 营为三梯队,以 10 门迫击炮组成炮群和 6 挺重机枪直接支援第 3 营攻击,纵队与旅炮兵群亦配合掩护第 7 团进攻。18 时,在野战军炮火准备之后,警备第 7 团迅速向国民党守军发起攻击,经过约 1000 米的接近敌人运动,直扑守敌的前沿阵地。第 3 营指战员在炮火掩护下,勇猛冲杀,激战至 22 时,攻占了敌人第一个山头,随后又向第二个山头进攻,但因地形狭窄和大雪影响,加之国民党守军炮火的猛烈拦阻,进展迟缓。上级命令次日发起总攻。此时,野战军经过一天激战已将国民党守军压缩在东西不足10公里、南北约5公里的狭窄地域内。

30日6时,警备第7团1、2营在炮火掩护下,经过3次冲击,攻占了国民党守军的第二个山头。当向敌人纵深发展进攻时,第1营通过横宽仅10米的狭窄鞍部地带,遭遇国民党守军的交叉火力拦阻,伤亡很大。经激烈争夺后,攻占了国民党守军的第三个山头。此时,第7团已投入了全部的兵力,当继续向第四个山头攻击时,部队伤亡严重,副团长李清业亲临第一线指挥,英勇牺牲。这时,各分队主动合并建制,始终保持对国民党守军的进攻之势。16时,第7团集中全部兵力又向国民党守军发起猛攻,攻占了敌人第四个山头,旅部即令王学礼所率第5团2营迅速投入战斗,向国民党守军最后两个山头实施强攻。王学礼率部发起冲锋,在第7团密切配合下,第5团轮番组织冲击。王学礼在组织冲锋时带头拼杀,战斗持续到17时,第5团终于攻占了国民党守军的主阵地,全歼守敌。之后,王学礼率部迅速冲下山去,配合野战军主力对国民党守敌实施最后围歼。18时,野战军将国民党军第29军所属2个师4个旅全部歼灭于瓦子街地区,战斗即告结束。

3月3日,王学礼率部参加西北野战军收复宜川县城的战斗,俘虏国民党中将旅长张汉初。在宜川战役中,西北野战军共歼灭敌人2.9万人,缴获大量的枪械和战备物资。宜川大捷后,西北野战军继续猛追南逃的国民党军队。

4日,彭德怀和西北野战军领导向全体指战员发布了作战命令:为截断延安到咸阳的公路、消灭分散之敌、夺取小城市、扩大解放区。野战军司令部决定由张宗逊率领第 1、4 纵队进攻中部和宜君，第 3、6 纵队进攻洛川，通过围城打援来调动国民党军主力,并在运动中歼灭之,相机收复延安。

1948 年 3 月，警备第 3 旅参加宜川瓦子街战役后，召开庆功大会

9 日，西北野战军第 3、6 纵队到达洛川城下,形成了三面包围之势。洛川守敌国民党军整编第 61 旅依仗着强大的火力和地形优势,拼死顽抗,敌我在洛川城下形成了对峙。

13 日,彭德怀在马栏镇召开西北野战军旅以上干部会议,一针见血地指出:“此次西府战役是调虎离山，野战军威胁胡宗南的战略后方,搞他的补给基地,他就顾不上延安了,可以迫使敌人不战自退,撤出延安。只要能把敌人调过来,就可以在运动中消灭。”根据西北野战军司令部部署,西北野战军第 3 纵队继续围攻洛川,第 2、4 纵队为左路,第 1 纵队为中路,第6 纵队为右路,渡过泾河后,王学礼率部随左路大军直指宝鸡。

4 月 12 日,王学礼参加了旅部的军事会议,回到团部传达了野战军司令员兼政治委员彭德怀的战略部署:鉴于洛川久攻不克,国民党军增援洛川行动谨慎,原准备攻取洛川后收复延安并歼灭国民党军援军一部的计划难以实现,且黄龙山区粮食匮乏,部队不宜久留,而西府地区(西安以西泾渭两河之间)国民党军兵力空虚等情况,决心以野战军第 3 纵队继续围困洛川,第 1、2、4、6 纵队向西府地区挺进,调动、分散敌军,寻机歼其第 5 兵团一部，并相机夺取胡宗南集团的补给基地——宝鸡。警备第 3 旅随西北野战军第 4 纵队为左路兵团一部，任务是首先攻占监军镇，得手后继续向乾县、礼泉方向佯动，掩护主力攻占宝鸡，王学礼所率警备第 5 团担任攻占监军镇的主攻。结合这次主攻任务，王学礼组织全团各级指战员充分讨论，各抒己见，达成了统一的认识，各营、连领受了具体的战斗任务，纷纷表决心，要在战斗中冲锋陷阵，再立新功。

16 日，西北野战军三路大军同时开拔，揭开了西府战役的序幕。

17 日凌晨，王学礼所在的警备第 3 旅奉命由集结地照金、尖坪出发进至龙高。7 时，警备第 3 旅南渡泾河，徒步涉水时遭到国民党军航空兵突然袭击。15 时，警备第 3 旅涉水渡河完毕，进至距监军镇 1.5 公里处的北坊村与国民党守军接触。

18 日 3 时，王学礼指挥警备第 5 团 9 连的一个加强工兵班，在火力的掩护下，利用暗夜向敌军进行侦察性攻击，经过两次冲锋攻占了一处国民党守军的前沿阵地，击毙俘虏敌人营长以下 10 多人，并查明国民党守军是 17 日黄昏调运到监军镇接防的整编第 203 师 1 旅的第 1、2 团。此时，国民党守军组织反扑，因没有后续部队支援，王学礼奉命带领警备第 5 团撤回阵地，与国民党守军形成对峙。王学礼利用战斗间隙，组织召开军事民主会，发动指战员分析敌情，拟定了新的战斗计划，并对全团的战斗行动进行了周密部署。

18 日凌晨，王学礼率部再次发起冲锋，国民党守军一触即溃，乘车逃跑，警备第 5 团进占监军镇。之后，王学礼部奉命率部向乾县攻击前进，在县城以北的柳林渠攻占了国民党守军的 3 个碉堡，控制了乾（武则天）陵阵地。

25 日拂晓，警备第 5 团受命攻占杏林，控制西（安）宝（鸡）公路，担任正面抗击敌人的任务。8 时许，国民党军整编第 38、65 师抵近杏林，王学礼带领指战员阻击。敌军急于通过西宝公路、增援宝鸡，集中兵力轮番向警备第 5 团阵地发起猛烈进攻。王学礼和指战员顽强坚守阵地，浴血奋战，给敌人以重大杀伤，但因敌众我寡，战斗异常惨烈，警备第 5 团 1 营 3 连全部损失，但第 5 团的指战员们还是坚持连续两天阻击敌人。此时，彭德怀同志正在距离警备第 5 团不远的南庄指挥作战。王学礼接到野战军司令部参谋长张文舟关于就地组织防御，掩护野战军前敌指挥部安全撤退的艰巨任务后，临危不惧，当机立断，带领指战员面对数倍于自己的敌军骑兵、步兵，进行顽强阻击，英勇地打退了敌人一次又一次的猛烈进攻。在激烈的战斗中，面对敌人密集的轮番进攻，王学礼身先士卒，一次次带领战士们打退进攻的敌人。第 5 团的指战员们流血牺牲，顽强抗击敌军一波又一波的疯狂进攻，胜利地完成了阻击战的任务，保证了野战军前敌指挥部安全转移……

王学礼在危急关头，率警备第 5 团浴血奋战，保护了野战军前敌指挥部和首长的安全，受到了上级的表彰。

5 月 1 日，在西府战役后，王学礼率警备第 5 团在狮子口地区简单休整后，即奉命随警备第 3 旅经过招贤、天堂、百里镇等地，迅速越过西兰公路，渡过泾河，进至党原镇地区，作歼灭国民党军马鸿逵部整编第 82 师的准备。

6 日，王学礼率警备第 5 团配合友邻部队向“青马”整编第 82 师进攻。担任前卫的警备第 5 团在屯子镇以南 2.5 公里的阎孟家与敌军遭遇。王学礼当机立断指挥全团向敌人发起猛烈攻击，一直攻击到屯子镇的南关。15时,野战军主力部队赶到,歼灭国民党守军整编第82师1000多人。

7日拂晓,王学礼部参加了宁县战斗。

9日清晨,王学礼又率警备第5团参加良平地区阻击战,配合警备第7团采用“品”字形战斗队形,交替掩护,给追击的敌人以重大杀伤,歼灭国民党军步兵、骑兵500多人。

西府、陇东战役中,西北野战军歼灭国民党军2.1万多人,摧毁了敌人重要的军备物资供应基地——宝鸡,缴获了大量的武器弹药和物资,收复了延安,解放了洛川,巩固了黄龙山解放区,为西北野战军进入外线作战创造了有利条件。

国民党军溃败放弃延安、洛川,防线缩短,兵力相对集中,加上有公路、铁路作依托,便于机动,遂趁西北野战军出击西府后返回黄龙解放区整训之机,向黄龙山南麓发起进攻。从5月下旬到7月中旬,国民党军队先后占领了白水、澄城、郃阳,并在“扫荡”关中分区后占领了旬邑、马栏等地。

7月底,国民党军胡宗南集团以整编第17、36、38共4个师的兵力,由白水、澄城、郃阳分左右两路向在黄龙、韩城地区休整的西北野战军发起进攻。

7月30日,国民党军整编第36师(该敌为沙家店战役中被解放军歼灭后重新整补的)进占澄城以北的冯原镇、刘家洼地区,敌军第123旅旅部和367团位于程家庄地区,第368团位于吉安城、井村地区,驻守曹家龙头的是国民党军第28旅83团8连。国民党军发现了西北野战军主力,随即停止前进,集结于冯原镇地区,转入防御。为诱歼国民党军第36

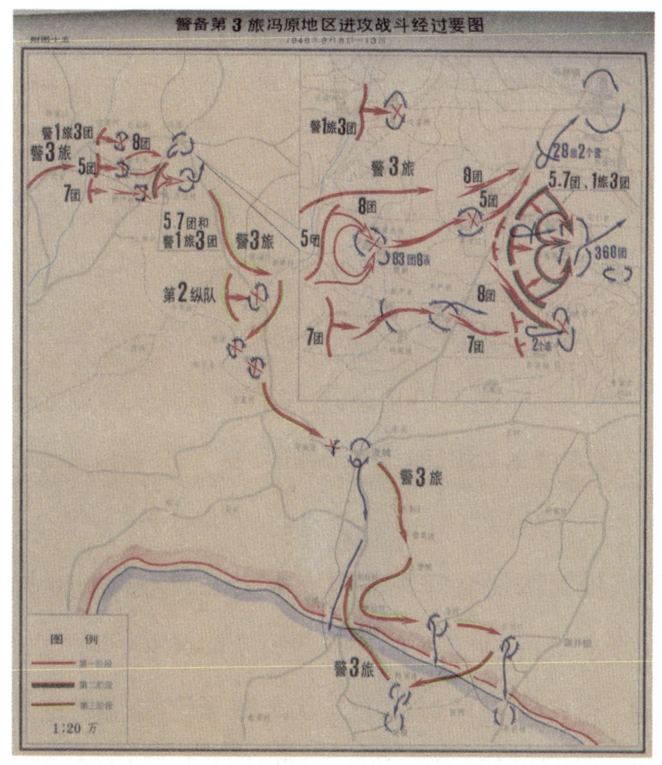

师，西北野战军左翼兵团主动后撤，吸引国民党军第 38、17 师向韩城进犯，并迫使敌军第 36 师移动，欲在国民党军移动过程中加以歼灭。

8 月 6 日，国民党军一部占领韩城，但国民党军第 36 师仍停留原地不动，并以冯原镇为中心组织防御。西北野战军遂决定主动出击，围歼在冯原镇周围的国民党军第 36 师，以巩固黄龙解放区。

8 日，西北野战军发起澄（城）郃（阳）战役。王学礼所在的警备第 3 旅奉命担负从正面突破敌军的主攻任务，具体任务是首歼曹家龙头守敌，尔后歼灭东、西严卓的敌军，并迅速攻占董家庄地区，歼敌第 123 旅 368 团，得手后配合友邻部队围歼敌第 123 旅旅部和367 团于程家庄地区。警备第 3 旅以 5、7 团为一梯队，第 8 团为二梯队。第 5、7 团首先歼曹家龙头、东、西严卓一线之敌第368团和敌第28旅敌83团一线据点后，警备第5团向董家庄地区、第7团向老寨子地区发起进攻，警备第8团即加入战斗，向敌人纵深进攻。

8日2时，王学礼率警备第5团完成对曹家龙头国民党守军的包围。

3时，王学礼率部向国民党守军发起猛烈攻击。

5时，王学礼指挥第5团1营攻占了曹家龙头大部分村庄和据点，国民党守军凭仅存的6个碉堡继续顽抗。

6时，王学礼重新调整警备第5团的战斗部署，令第2营主攻，并组织迫击炮、重机枪对国民党守军实施火力突击，经过两小时激烈战斗，全歼守敌，攻占曹家龙头。此时，右翼警备第7团向东、西严卓攻击，国民党守军闻风而逃。第7团在前进途中与从老寨子增援曹家龙头的国民党军的两个连遭遇，敌军不战而退，第7团迅速追击，因友邻部队插入队形，影响了第7团的行动。警备第3旅旅部即令第7团绕道追击，当追至老寨子时，国民党军队已占领阵地，以猛烈火力拦阻，第7团与敌人形成对峙。

12时，王学礼率警备第5团在追击歼灭敌军残部后，又攻占了董家庄地区。

14时，冯原之敌第28旅两个营配合吉安城国民党军第368团一部共约1个团的兵力，在炮火掩护下，向警备第5团阵地董家庄地区进行猛烈反扑。警备第3旅旅部当即令第5团从正面、第8团从左翼同时出击，迎头痛击，狠狠打击敌人。在第5、8团猛烈打击下，国民党军被击溃，王学礼率部立即发起追击，敌人以猛烈炮火实施压制射击，乘机窜回冯原镇和吉安城固守待援。

17 时，西北野战军第 2 纵队攻克敌军重要支撑点壶梯山，国民党守军全线动摇，即沿公路南逃。

19 时，警备第 3 旅即令第 5、7 团协同警备第 1 旅 3 团合力攻击安城之敌，国民党守军弃城逃跑。与此同时，警备第 8 团也向老寨子的守军发起攻击，先头部队第 3 连遭国民党军散兵突袭，一时队形混乱，待整顿好后继续向老寨子进攻时，守军已逃跑。警备第 3 旅旅部警卫连在向南追击中，前卫排在于子沟俘敌警戒 2 名，经过审讯得知村内有敌军 1 个连正在休息，前卫排迅速展开，将敌军包围，利用喊话进行政治攻势，迫使敌军全连 80 余人缴械投降。

24 时，王学礼率部进至郭家常宁、雷家常宁地区，又俘获国民党军队散兵一部。

9 日 7 时，王学礼部随警备第 3 旅沿公路继续南追，进至新城村。13 时，得悉马家庄、解家庄有敌军据守，王学礼率第 5 团即向该地前进，至水洼时，国民党守军已被友邻部队歼灭。王学礼部遂在原地集结待命。

10 日 7 时，警备第 3 旅奉命夺取澄城，当进至城郊，国民党军队约 1 个营的兵力正掩护其主力向南撤退。王学礼率部立即向敌军的这个营发起突然攻击，敌军溃退，王学礼率第 5 团即进占澄城。

13 日，警备第 3 旅奉命由马村国民党军侧后攻击。王学礼率部发起冲锋，经过激烈的战斗，迅速攻占了马村、右家坡、赵家寺国民党守军的前沿阵地，迫使守敌向后龟缩。此时，国民党军第 17、38 师已完成防御部署，王学礼部随警备第 3 旅奉命撤出战斗。

在王学礼率部参加澄郃战役中，西北野战军全歼国民党军第 36 师师部、第165旅旅部及3个整团、第28旅和第123旅各一部,击毙少将副师长朱侠,俘少将张先觉、李秀、陈定、马国荣以下6000多人,缴获了大量枪械和战备物资。西北野战军再次收复郃阳、澄城县城,至此,陕北南部国统区大部分解放,新的黄龙解放区已经形成。

从1948年2月至11月这一阶段,关于王学礼部警备第3旅第5团的战绩,《中国人民解放军步兵第11师军战史》在《战例选编》中就有海州塬进攻战斗,冯原进攻战斗,康庄、勾龙村进攻战斗3次战斗载入战史。其中康庄、勾龙村进攻战斗有这样的记载:

> 1948年10月荔北战役后,胡宗南部又采取所谓"重点机动防御",防我攻击。敌第3军17师驻守铜川、耀县。11月20日午后,该师(欠2个营)由蒲城以东经兴市镇,于黄昏抵达耀县以东之薛镇、建门、勾龙村、草滩、韩村、康庄地区布防。敌第17师师部和所属第51团驻守康庄;第50团驻守勾龙村、庙西等地。该敌装备优良,战斗力较强,但受我军打击后,士气低落。
>
> 21日拂晓前,警备第3旅5团2营于庙西东南地区与敌接触,该营猛打猛冲,俘敌50余人,进一步查明敌系刚抵达该地仓促转入防御的敌17师,对我情不明。8时,警备5团(欠两营)抵康庄东南,警备7团抵康庄西南,对敌形成包围。9时,旅奉命以一部兵力监视康庄之敌、主力与骑6师1团首先攻歼勾龙村之敌。旅遂令第5团(欠两营)监视康庄之敌,以第7、8团围攻勾龙村之敌。10时,5团2营攻克庙西,全歼敌第50团1个营。12时,当7团消灭柴子家之敌1

个连后，正向勾龙村方向靠拢时，恰遇康庄、土木坊之敌向南突围，该团立即展开，在第5团密切配合下，将敌堵回。第7团因此而未进至勾龙村，则在康庄、庙西之间集结。此时，敌第65军由美原镇方向来援，第7团1营即配合骑2旅等友邻部队担负阻击援敌任务。当第8团进至勾龙村东南时，敌援兵一部由东南向薛镇和勾龙村逼近，8团即改变攻击勾龙村计划而向薛镇以东沟沿阻敌援兵。该团将援敌压缩于老寨子后，以第1营原地监视，主力仍执行攻占勾龙村的任务。17时，8团与骑6师1团向勾龙村之敌发起攻击。19时，突破敌防御。20时，将寨内之敌全歼，除毙伤敌一部外，俘敌280多人，勾龙村战斗结束。此时，康庄守敌又企图突围，经警备第5团坚决反击，又俘突围之敌百余。

22日拂晓，美原镇方向之援敌向薛镇以西进攻，在警备第1旅3团坚决阻击下，敌无进展。此时，友邻第1纵队358旅亦经草滩抵康庄西南，接替警备第5团阵地。警备第5团转由北面攻击康庄之敌，首先以迫击炮平射摧毁了敌城西北高碉堡，并对城外碉堡群进行了火力准备，第5团第1、2营立即发起冲锋，一举突破敌防御，在寨内展开激烈巷战。至10时30分，警备第3旅协同第1纵队第358旅将康庄守敌全歼灭，毙敌师长王作栋，俘敌副师长张恒英。此后，警备第3旅集中第5、7团共4个营的兵力准备攻歼韩村之敌（1个团部和2个营），但因敌第65军主力逼近，遂奉命撤出战斗，向北转移。

第十章　冲锋陷阵

1948年8月，全国解放战争进入了第三年。全国的军事、政治和经济形势都发生了更加有利于人民、而不利于国民党统治集团的重大变化。

8月3日，国民党在南京召开军事检讨会议，蒋介石在开幕式上承认："就整个局势而言，则我们无可讳言的，是处处受制、着着失败。"为此，国民党军调整了重点战区，规定了重点战区的主要任务；决定加强徐州、济南、太原等主要城市为战略要点的守备兵力和防御工事，组成以精锐主力为骨干的若干个机动作战兵团，加强应援力量，企图以此挽回颓势。

9月8日至13日，针对中国革命和解放战争发生巨大变化的形势，中共中央在西柏坡召开了政治局(扩大)会议。

根据中共中央政治局"九月会议"[①]确定的方针，中共中央军委确定战争第三年的作战计划：各野战军要歼国民党正规军115个旅（师)左右，其中，华东野战军歼国民党军40个旅(师)，攻占济南和苏北、豫东、皖北地区的若干大中小城市；中原野战军歼国民党军14个旅(师)，攻占鄂豫皖3省若干城市；西北野战军歼国民党军12个旅(师)，钳制胡宗南集团，使之不能实行战略机动；华北第1兵团歼国民党军14个旅(师)，攻占太原；东北野战军和华北第2、3两兵团，歼灭卫立煌、傅作义两集团中的30个旅(师),攻占北宁、平绥、平承、平保各线除北平、天津、沈阳三点之外的一切城市。为实现上述任务,“九月会议”之后,人民解放军发起了前所未有的战略攻势。各战略区人民解放军依据中央军委的指示,同国民党军进行了大规模的战略决战。随后,全国各战场解放军取得了一次又一次的胜利,从根本上动摇了国民党反动派的统治,为夺取解放战争的彻底胜利,建立新中国奠定了坚实的基础。

1949 年 1 月 15 日,为适应战争形势发展的需要,遵照中央军委关于统一全军组织和部队番号的指示,人民解放军实行了统一编制。同年 2 月初,西北野战军改编为中国人民解放军第 1 野战军,第 4 纵队改编为第 4 军,警备第 3 旅改编为第 11 师,辖步兵第 31 团、32 团、33 团。第 31 团团长王学礼、政委张平山。

部队改编后,王学礼参加了第 1 野战军司令部举办的营以上干部集训班,认真学习毛泽东同志的“十大军事原则”。集训班一结束,王学礼和张平山遵照野战军司令部的指示, 组织第 31 团指战员在石堡村进行整训,采取上大课的形式,逐字逐句对“十大军事原则”进行广泛的学习、讨论,要求指战员们联系自己经历的战斗实际,进行分析、总结。通过学习,全团指战员进一步提高了执行毛泽东同志军事思想的自觉性,增强了打歼灭战的思想。

在部队整训期间,王学礼和张平山结合部队在今后一个阶段的战斗任务,有针对性地在全团开展了军事训练。在分队战术训练中,除了注重贯彻分割包围积极歼灭敌人的思想外,为减少战斗伤亡,他还带领战士们练习班、组的战术训练。全团上下通过刻苦训练,普遍掌握了对敌人坚固筑城实施连续爆破的方法,提高迫击炮平射和运送炸药包的技能。同时，在训练中还加强了扫雷教育和撑杆上墙的技能训练，使部队的战术、技术水平有了很大提高。

做好部队思想政治工作和军事训练，为参加1949年第1野战军发起的春季战役、陕中和扶眉战役等大规模战斗、战役做好了思想和战术、技术上的准备。

自西府战役后，国民党军胡宗南部开始作撤退准备，将西安绥署、机关、学校、眷属等沿川陕公路向汉中、广元转移，以其第12、20、28、30师和陕西保安第4旅等部分散守备铜川、蒲城、大荔地区，其主力集结于耀县、富平、三原地区。

2月19日至3月22日，为打乱国民党军胡宗南部的退却部署，进一步发展西北解放战争形势，第1野战军决定发起春季战役，歼灭蒲城守敌，并相机歼灭铜川、耀县、富平、淳化之敌。第1野战军司令部命令第4军向铜川、耀县之敌进攻，吸引敌军主力向西防御，然后集中第1、2、3、6军围歼蒲城之敌。王学礼和张平山率第31团参加第11师攻占铜川的战斗任务。

铜川守敌为国民党军第20师（系新编第1旅改编，下辖3个步兵团、1个警卫营），凭借城垣坚固工事组织防御，其核心固守点为铜川外围的田家塬，在四周构筑了三角形的梅花堡群，配备的6个火力点可以互相支援，易守难攻。

2月19日上午，第1野战军11师进至铜川外围，下午立即组织营以上干部研究作战计划，并组织排以上指挥员轮流勘察地形、道路，使各级干部了解了上级的作战意图、作战对象、所负任务、行动方法和注意事项等。第11师决定以王学礼所率第31团携带山炮2门向城外围的田家

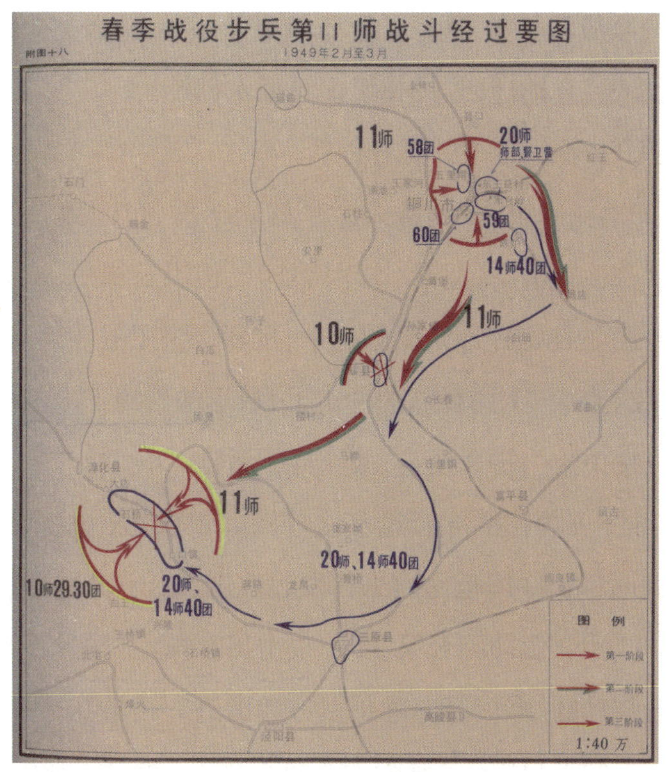

塬守敌实施主攻；第 32 团由东来村向安地福东北方向的敌军集团工事助攻，并截断济阳寨的敌人支援；第 33 团以一部兵力牵制窑窠的敌人，主力经十里铺进攻西王义村，得手后迅速向三里洞攻击。

王学礼团长受领任务后，带领参谋长张伯达和营、连指挥员到现场勘察地形，分析敌军的布防情况，寻找敌人的防御弱点，确定各连队的进攻路线。经过实地察看地形、推演战斗过程，在认真分析研究后，王学礼决定第 1 营首先围歼北于车守敌，之后正面佯攻牵制敌人；第 2 营顺北山麓迅速穿插迂回到敌后，切断敌军退路；第 3 营紧随第 2 营跟进，随时投入战斗。在战前动员会上，王学礼要求全团指挥员要充分发挥夜战特长，大胆穿插迂回，迅速包围分割，各个歼灭敌人，做到出其不意，克敌制胜。各连队按照战斗任务,进行了紧张的战前练兵,选择类似地形进行夜间攻打明碉暗堡、穿插迂回、投弹射击等战术训练。

20 时,第 11 师师部发出攻击命令。

21 时,王学礼率第 31 团插入敌军的碉堡群,包围敌人的 6 号碉堡后,即发起试探性攻击,将鹿寨、铁丝网炸开,但因云梯短,未能通过敌军工事的外壕。王学礼指挥部队隐蔽起来,重新调整了战斗部署,接着又组织第二次强攻。在第 31 团猛烈的冲击下,敌军的外壕工事被撕开了一条口子,守敌也集中火力拼命反击,战斗异常激烈。

20 日 3 时,王学礼率部经过多次冲锋,攻克敌人 6 号碉堡,俘虏敌军一部分。此时,第 32 团也由北来村发起攻击,约 10 分钟即占领了安地福、省嘴,第 32 团 2 营即配合第 31 团攻击田家塬。敌军发现被解放军三面包围,即全线动摇,乘夜暗向陈炉镇方向退逃。王学礼指挥第 31 团乘胜追击敌人,在第 32 团的紧密配合下,国民党守军全线溃败,残兵败将分头向耀县方向逃窜。

21 日,第 1 野战军第 10 师攻占耀县。逃往耀县的国民党军第 20 师和第14 师 40 团等部获悉耀县失守,慌忙又逃至三原。胡宗南电令三原的守军撤至淳化、铁瓦店、北于车、刘家岘、西凤山一带设防,掩护其主力西撤。

22 日,第 1 野战军主力解放了蒲城。

23 日,为了彻底粉碎敌军退却部署,第 1 野战军第 11 师乘胜西进。王学礼奉命率第 31 团担任前卫,按照师部的命令首先要夺取淳化、攻占口头镇,威胁乾(县)礼(泉)和西兰公路的侧背,尔后进一步查明泾阳、三原地区敌情,视机歼灭敌人。

26日,第1野战军第11师抵近口头镇,师部命令王学礼率第31团攻占北于车,得手后迅速攻占刘家岘,最后向口头镇攻击;第32团由口头镇以北攻占杨家庄,尔后协同第31团歼灭刘家岘的守敌,攻占西嘴子,切断敌军向南的退路;第33团攻占南刘家,切断西嘴子与刘家岘敌人的联系,阻击敌军互相支援或逃跑。王学礼和张平山在战前动员中给全团指战员传达了师部的命令,讲清楚了师部的作战部署和团里的作战任务,并号召党团员在战斗中要发挥好示范带头作用,全团各级指战员要发扬连续作战、不怕牺牲的精神,坚决完成师部下达的战斗任务。

3月1日0时,王学礼和张平山率第31团攻占北于车。此时,口头镇西山的敌军慑于被歼,即全线南撤。王学礼随机应变,命令第31团1营在攻击中全歼北于车守敌的同时,指挥第2营翻越西山向敌军纵深猛插,歼敌一部后,继续猛追20公里,先于西山逃窜的敌军抢占了王桥镇的桥头,切断了敌军的退路,将敌全部俘获,第31团3营穿插至魏庄附近。第31团3营营长段忠宪发现魏庄有敌情,当即指挥团迫击炮连和营机炮连在东南侧高地占领阵地,命令第7、8连利用夜暗迅速抵近魏庄,发起冲击;副营长岳清义带领的前卫排听到枪声也从南侧插入魏庄,迅速围歼了敌师部和师直特务连、重机枪连。此时,第11师32团也已经追击到石桥镇渡口,并俘虏国民党军副团长以下200多人。之后,第11师各团会合,继续追击敌人,在马家窑以西地区追上敌军第58团,经过激战将全部敌人歼灭后,又向西凤山以南地区猛插。与此同时,第1野战军第10师30团也于石桥镇以北的地方歼灭国民党军第59团2营后,由南向北攻击西凤山的守敌……

经过一夜激战,到第二天中午,在第1野战军各部合击下,将西凤山守敌全歼，战斗胜利结束。在这次战斗中，王学礼所率第31团以伤亡1人、负伤2人的微小代价，歼敌数百名，并俘虏国民党军第33师师长褚静亚、参谋长张凌汉等人。

战后，敌军第33师师长褚静亚懊丧地向王学礼供认："想不到你们的行动会如此迅速，竟然能在举手之间，突破我重重设防，断我后路，鄙人作为历经沙场数十载的军人，实感钦佩，钦佩……"王学礼笑了笑，然后严肃地说："我们解放军固然是行动迅速，但更重要的是每个指战员知道为谁而战，有勇往直前、冲锋陷阵精神——这才是我们与国民党军的重要区别！"

上海人民美术出版社1958年1月出版的连环画《活捉敌师长》(张幼培、朱瑞秀绘)就是取材于第1野战军向盘踞在渭北平原的国民党军胡宗南部发动了强大的春季战役，小分队机智地穿过敌军数道警戒哨，深入敌营，直捣敌军指挥部，将敌军师长褚静亚等人全部俘获的故事。

关于口头镇战斗，《中国人民解放军步兵第11师军战史》总结主要经验为：

1. 由于各级对敌情判断正确，部队行动快，迅速插入敌人心脏地带，打乱了敌人的防御体系。当敌人退却逃跑时，各级指挥员当机立断，猛追猛打，机动灵活，迅速歼灭了敌人的师部，使敌人失去了指挥，全线崩溃。

2. 战斗中充分发挥了解放军夜战的特长，采取了大胆穿插迂回，分割包围，各个歼敌的战术，大胆而神速地插入敌人纵深，出其不意，攻其不备，乘敌人大乱，克敌制胜。

3. 追击中，指战员不怕疲劳，迅速抢到敌人前面，控制要点，断敌人退路，也是此战获胜的重要因素。

春季战役中，第 1 野战军歼敌第 20 师等部 7000 余人，再次解放了大荔、朝邑、平民地区，并一度解放了淳化、耀县、铜川、富平、蒲城等广大地区。

3 月 23 日，王学礼所在第 4 军 11 师进驻七里镇地区进行整训，营以上干部参加了第 4 军举办的军事训练班学习。之后，第 11 师师部也举办了连、排干部军事训练和政治指导员、党支部书记、支委、小组长政治集训，使干部的战术思想水平、组织指挥能力和政治觉悟有了较大提高。同时，部队的装备也得到了改善，补入了一批“解放战士”，部队兵员得到了充实。王学礼和张平山根据师部的要求，在全团指战员中开展了以诉苦“三查”为主的政治教育和军事训练。

4 月 20 日，国民党南京政府拒绝了由中国共产党代表和南京政府代表团所拟定的国内和平协定。

21 日，中国人民革命军事委员会主席毛泽东、中国人民解放军总司令朱德命令人民解放军：“奋勇前进，坚决、彻底、干净、全部地歼灭中国境内一切敢于抵抗的国民党反动派，解放全国人民。”命令发出后，中国人民解放军开始了向全国的大进军，百万雄师横渡长江。

23 日，中国人民解放军解放了国民党反动派统治的中心——南京。

24 日，中国人民解放军一举解放太原，全歼国民党军阎锡山集团。中国人民解放军在全国各战场均给予国民党军以致命打击，整个国民党反动派阵营已呈土崩瓦解之势。

25 日，国民党军胡宗南集团慑于被中国人民解放军歼灭，从铜川、蒲城、龙阳镇地区进行后缩，至 4 月底先后撤至三原、泾阳、高陵、临潼一线，跨泾河、渭河，形成保守西安的弧形防御。第1野战军决定抓住战机，消灭国民党军胡宗南部，解放西安。王学礼结合战争形势的发展变化，在行军途中组织团、营、连、排干部分析部队面临的具体任务，要求全团各级干部做好思想政治工作和战术技术准备。第31团党委号召全团党团员和干部要发扬连续作战、不怕牺牲的精神，确保完成上级下达的各项战斗任务。

5月3日，解放军第1野战军出击铜川、耀县等地并在这一地区展开侦察性的战斗活动。

12日晚，国民党军胡宗南部驻守三原的部队有撤退到汉中的迹象，第1野战军立即部署围歼敌人。

17日晨，胡宗南部全线西逃，第1野战军4军立即追击。

18日，王学礼所在的第11师强渡泾河，攻克礼泉。

22日3时许，第11师先头部队抵达十八岭与国民党军接触。敌人一触即溃，继续向北逃窜。王学礼奉命率第31团连续翻越4道深沟，在第4道沟的前坡等地将敌军一部围堵歼灭。与此同时，在第1野战军1、4军的紧密配合下，将国民党军第57军及第30师全歼于康家河、老君顶地区。这次战斗，王学礼所在第11师俘虏国民党军第215师上校参谋长肖北辰以下1000多人。

25日，虢镇以东、渭河南北广大地区全部被第1野战军占领，国民党军胡宗南部主力已败退撤至宝鸡和秦岭山区。青、宁“二马”处境十分孤立，预感到唇亡齿寒的悲惨情景。“二马”为拉住胡宗南部，以所属陇东和陇南兵团以及第11、128军等部组成援陕兵团，联合胡宗南部第18兵团等部，共计9个军30多个师，向第1野战军实施反突击，企图重占西安、咸阳，阻止解放军前进。为掩护改隶第1野战军建制的第18、19兵团入陕集结，然后集中兵力与国民党军胡宗南部及“马家军”决战，第1野战军主力采取节节抗击，逐步后撤的战法，迟滞胡宗南部和“马家军”部的联合进攻。

6月10日，“马家军”首先开始进攻，王学礼率部随第1野战军4军11师奉命在关头、仪井地区担负抗击“青马”的任务。

12日19时，王学礼奉命率部转移，一夜间急行军80余公里，穿越乾县、礼县、咸阳3个县，于13日10时到达泾阳以北地区集结待命。

13日12时，国民党军骑兵第8师分两路突击渡过泾河，袭入泾阳县西关，一部逼近第11师33团驻地曲运村、蔡家堡。王学礼奉命率第31团和第33团共同发起反击，将敌军击退。随后，敌军又向修石渡发起攻击，经第32、33团各一部的顽强阻击，激战4小时打退了敌人的4次强攻，俘敌数十骑，迫使敌军渡泾河向西退去。与此同时，向咸阳进攻的“青马”第82军主力，遭到第1野战军的沉重打击后被迫败退，胡宗南部的第36军也遭到野战军歼灭性重创。这时候，国民党军发现第1野战军18兵团已经到达西安、咸阳地区，第19兵团正向西安急速前进。于是，国民党军胡宗南集团和“马家军”放弃重新占领西安的企图，即分路撤退，整个战役遂告结束。

这次陕中战役，第1野战军歼敌4万余人，解放了西北最大城市、胡宗南集团老巢——西安和陕中广大地区，沉重地打击了国民党军胡宗南集团和“马家军”，极大地鼓舞了西北人民。

6月初，第1野战军第4、3、6军编成第1野战军2兵团，司令员许光达[2]，政委王世泰。

注释:

①九月会议，1948 年 9 月 8 日至 13 日，在河北省平山县西柏坡村召开了中共中央政治局扩大会议，又称中共中央政治局“九月会议”。这是中共中央撤离延安后的第一次政治局会议。会议的中心议题是：“军队向前进，生产长一寸，加强纪律性，革命无不胜。”会议主要根据解放战争转入总反攻的新形势，规定党的战略方针和任务，为最后打倒国民党蒋介石反动统治，组织进行战略决战、有条不紊地夺取全国解放战争的胜利，从思想上、政治上、军事上、组织上作了必要的准备。

②许光达（1908—1969），湖南省长沙县东乡萝卜冲人。1925 年 9 月加入中国共产党。1926 年春入黄埔军校学习。历任见习排长、排长、代理连长、军参谋长、师政委、师长，晋绥军区第 3 纵队司令，西北野战军军长、第 2 兵团司令员等职，先后参加了南征作战、马良坪战斗、绥远战役、高家堡战役、榆林战役、沙家店、延清、宜川、荔北、扶眉、兰州战役等。兰州战役任第 1 野战军第 2 兵团司令员。1955 年被授予大将军衔。

第十一章　扶眉攻坚

1949年4月28日，在太原解放后的第4天，毛泽东把彭德怀从太原前线召回北京，进一步商讨如何解放大西北的问题。西北五省地域辽阔，盘踞在这里的国民党军胡宗南部是蒋介石的一支装备精良的嫡系部队，在第1野战军的沉重打击下，不断损兵折将，战斗力大大削弱，但其兵力仍有17个军、41个师，共20余万人。“马家军”则拥有10个军、33个师(旅)，共18万人的兵力，尚未受到解放军歼灭性的打击。解放军华北两个兵团将投入西北战场，第1野战军的兵力增加到12个军、35个师，共34万人，与胡宗南部和“马家军”的38万人相比，兵力基本相等。但是，解放军可以集中使用，而国民党军分散在西北各地，集中于第1野战军对面的主力只有胡宗南部7万余人，青、宁“二马”的8万余人，合计15万人。毛泽东同志根据迅速发展的国内革命形势，指出用和平方法解决西北问题的可能性，同时强调指出，要争取用和平方法解决西北问题，首先必须经过军事上的决战，消灭胡宗南部和“马家军”主力。

6月初，国民党军“青马”的骑兵第8旅直扑咸阳，第1野战军在适当诱敌深入后，予以迎头痛击，当头一棒打了回去，大大挫伤了敌军的锐气。于是，“青马”就龟缩永寿、崔木镇地区。这时，胡宗南部第119军见势不妙，立即由兴平的马嵬坡退回武功、扶风地区，使解放军华北入陕兵团得以安全集结。第1野战军得到总部直辖的第18、19两兵团的加强后，总兵力达40万人。

17日，第1野战军在咸阳抗击“马家军”的战斗胜利结束，粉碎了胡宗南和“马家军”重占西安的企图。

7月初，第1野战军大部分部队已经休整20多天，指挥员研究了大兵团作战指挥的问题，进行了思想动员和战术训练，侦察工作也已经完成。为了不失掉战机，彭德怀决定以1个兵团钳制“二马”，集中3个兵团歼灭胡宗南部主力于扶(风)眉(县)地区，迫使其残部退守汉中，使“马家军”陷于孤立。

王学礼参加了师部的军事会议。会上，师部传达了兵团首长许光达、王世泰主持召开的军事会议精神，讨论了扶眉战役的作战计划：第1野战军19兵团和骑兵第2旅由三原进至乾县、礼泉地区钳制“二马”，保障主攻部队右侧的安全；以第1野战军18兵团(欠第61军)和第1兵团7军由兴平沿渭河北岸西进，歼灭武功、杏林一带的守敌后，向午井发展攻击；以第1兵团(欠第7军)由户县西进，攻占周至与眉县，并策应渭河北岸的野战军作战，尔后向宝鸡发展进攻；第2兵团由礼泉经乾县、青化迂回至益店、罗局镇，切断武功、扶风地区守军的西逃退路，尔后向午井、扶风发展进攻。

王学礼所在的第4军奉命夺取罗局镇，堵住敌军的退路。根据战斗命令，第4军必须于7月11日夜晚接近敌人，12日拂晓以主力攻占益店镇，夺取罗局镇，占领眉县车站，切断陇海线，迎头堵住敌军，阻止敌人向宝鸡撤退，以配合第1野战军主力全歼胡宗南部。王学礼率第31团担任了直插敌后，扼住敌人西退的咽喉，协同兄弟部队歼敌于渭河以北、扶风以南的战斗任务。王学礼率第31团占领罗局镇，截断敌军向秦岭逃跑的退路，这关系到整个扶眉战役的成败，任务十分艰巨。根据师首长关于“为完成党与上级交给我们的光荣而繁重之伟大任务，不惜一切”的指示，王学礼在全团干部大会上，认真详细地传达了党中央、毛泽东和彭德怀同志关于“钳马打胡，先胡后马”的作战意图，对全团指战员提出了具体的战斗要求，并做了深入细致的战前动员。之后，王学礼率31团和兄弟部队一起完成掩护第1野战军18、19兵团西渡黄河集结关中的任务后，根据第1野战军总部咸阳作战会议精神和兵团指示，把部队由泾阳推进到礼泉城西和城南乡村隐蔽待命。

此时，正是乡村繁忙的夏收时节。王学礼带着指战员们利用学习、练兵的间隙帮助当地老百姓进行夏收。第11师是陕北红军的老底子，第31团的指战员大都是来自陕甘宁边区的子弟兵。全国解放战争开始的几年里，胡宗南部、“二马”对陕甘宁边区不断袭扰破坏，使边区人民深受其害，老百姓对胡宗南、“马家军”恨之入骨。指战员们为家乡人民报仇雪恨的愿望非常迫切。王学礼适时抓住大家迫切要求参战的思想和热情，在练兵和帮助老百姓夏收之余，把大家组织起来在地上画出简略的敌我军事分布态势图，用小石块、麦秸秆标明敌我位置，详细讲解第1野战军司令部的作战意图。王学礼与“马家军”的交战有好多年了，从抗战、保卫陕甘宁边区，到解放战争中的西府战役、陕中战役等战斗中，他认识到“马家军”的野蛮与残暴，熟知当年红军西路军①与“马家军”作战的历史。王学礼结合自己的战斗经历和“二马”的战术特点，组织全团指战员有针对性地进行战术、技术演练。

7月6日，中共第1野战军前委在咸阳召开扩大会议。根据中共中央军委关于“先打胡”的指示，确定了作战方针，具体部署是用 1 个兵团钳制“二马”，集中 3 个兵团将胡宗南集团主力包围在扶眉地区，速战速决，就地全歼，不使其南逃；完成此役后，主力转向甘肃、青海、宁夏，消灭“二马”。这个战略计划迅速得到中共中央军委批准。

王学礼深入到各连队，进行广泛的思想动员，要求各营、连严密制定歼敌计划，让上级的作战部署和团里确定的“迅速、勇猛、顽强、吃得苦、打得赢”的战术指导思想深入人心，树立为完成罗局镇截击任务不惜流血牺牲的决心。

10 日，担任钳制“二马”任务的第 1 野战军 19 兵团首先行动，大张声势地开赴乾县、礼泉及其以北地区，摆出进击姿态，使“马家军”产生畏惧而不敢妄动。野战军第 61 军主力也向秦岭北麓子午镇地区的胡宗南部第 12 师等残部发动进攻，并歼敌 1000 人。第 1 野战军的这两个动作，迷惑了国民党军的指挥、部署，成功地掩护了第 1 野战军主力对扶眉之敌实施战略包围的真实意图，并保障了主力两侧翼的安全。随后，第 1 野战军 2 兵团自武功以北地区向扶眉守敌侧后迅猛插入，力争断其逃路；第 18 兵团自兴平地区向西发动全线进攻，对国民党军作向心压缩；第 1 兵团则在渭河以南地区西进追击。与此同时，第 1 野战军第 2 兵团 4 军司令部向所属部队下达了作战命令：第 4 军受命担任穿插作战的尖刀任务，第 10 师为一梯队的右翼，第 11 师为左翼，担负直插敌后，断敌退路的任务。

第 1 野战军布下了天罗地网后，第 11 师对所属各团下达战斗任务：首先攻占益店镇，进占北营、庄头、新集，接着再进至小寨、豆村，配合第 10 师攻占罗局镇，切断国民党军的退路，完成战斗任务后以一部兵力夺

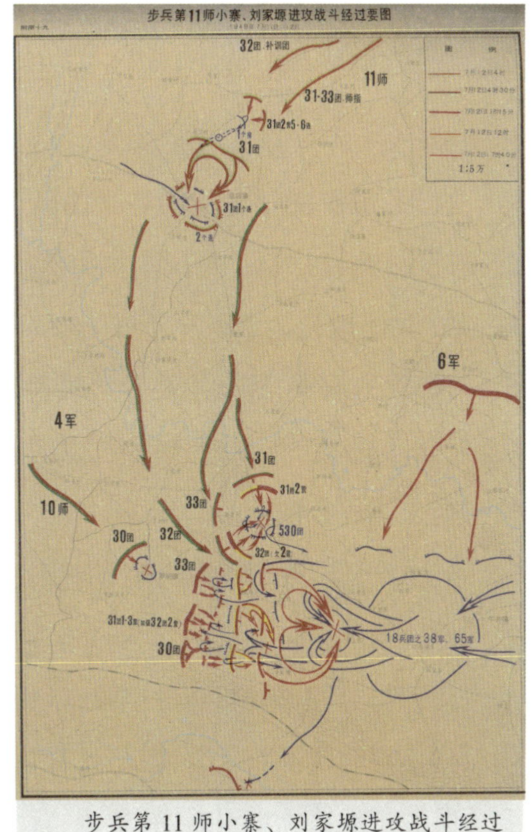

步兵第 11 师小寨、刘家塬进攻战斗经过要图

取眉县火车站，主力沿陇海铁路东进，向祁家庄攻击，以师指挥部和第 31、33 团为左路纵队，第 32 团和补训团为右路纵队，平行开进。师部命令王学礼率第 31 团先攻占益店镇，尔后以第 32 团进抵北营直插小寨敌军的背后，第 31 团再迅速攻占薛沟子，将敌军压缩于小寨村后，第 33 团尾随第31 团后跟进，占领新集村、庄头一线，对小寨之敌形成包围，尔后配合第10 师攻取罗局镇并向祁家庄攻击。

王学礼受领任务后，深知在敌军防御部署的间隙中穿插，随时都有发生战斗的可能，必须要有相应的对策，才能按时到达截击位置。在第 31 团党委扩大会议上，王学礼强调："要完成罗局镇截击任务：一要迎头截住敌人，二要堵住敌军的退路。要想迎头截住敌人，首先要完成 70 公里的急行军，按期到达指定地点。如果贻误战机，让敌军逃掉，就会造成不可弥补的损失。"因为时值盛夏，王学礼又说道："大家必须在仲夏昼长夜短的情况下提前出发，争取时间！"为了带领部队出其不意地插入敌人的心脏，完成阻击任务，王学礼连续派出侦察分队，乔装成农夫、商人深入敌后，了解敌军的兵力部署和敌军各部结合处的情况，寻找穿插迂回的道路。经过对侦察到的敌情反复分析，王学礼决定沿着临平北央村、益店镇的路线快速插入到达指定地域。

11 日拂晓，第 1 野战军各兵团已进入指定位置后，按预定计划发起战役进攻。为掩护第 1 野战军主力部队开进，第 19 兵团先行进入阻击地域，第2 兵团经长途急行军，迂回至敌人守军侧背。第 19 兵团占领武功后，继续攻击前进，战役发展异常顺利，一天之内，在西面已断敌退路，东面、北面已插入敌人纵深，南面已急向眉县前进，敌军四周只有眉县一个缺口尚未达成合围。

4 时 30 分，第 11 师各团按时到达临平以西的韩寨、回子、新阳、朱家沟地区隐蔽集结。部队抓紧时间，消除疲劳，补充作战物资，准备利用胡宗南部与"马家军"布防的空隙，以秘密的急行军迂回到敌军侧背。师、团派出侦察分队不断了解清水营、青化镇等方面的敌情。王学礼听了侦察分队关于敌情的汇报后，召集团、营、连指挥员，分析情况，决定按原计划行动，并根据可能发生的情况，制定了应变的具体措施。

11 日午后，第 11 师部命令第 33 团 1 个营提前出发，消灭清水营守敌后控制该地，敌军闻风丧胆，早已撤退。为争取时间，赢得胜利，师部命令各部按照预定时间提前 2 个小时出发。王学礼奉命率第 31 团即刻出发，并给大家强调："为了完成穿插任务遇到驻有敌军重兵的村庄就绕过去，遇到零星的敌人，能甩掉的就甩掉，非打不可的少则吃掉，多则打跑，决不能和敌军搅在一起，必须在第二天拂晓完成直插敌后，断敌退路的任务。"七月的秦川，气温高达 30℃以上。第 31 团段忠宪副团长带领侦察排和先头营开路，部队以平均每小时 5 公里多的速度飞速前进，并随时变换队形，时走时跑，千方百计争取时间向前赶。王学礼不时地鼓励大家："加油啊！彭总在等待着我们胜利的消息哩。"

21 时，左路开进的第 31 团进至北央村约 100 米处，团部侦察排看到路旁有几位老乡在收割庄稼，经过打问，老乡告诉他们："太阳快落山的时候，有好几个国民党的人突然闯进村子里，挨家挨户地搜查。"大家估计国民党军有进驻的迹象。这时，在村外的大道上，有几只手电筒的亮光晃来晃去，随着一阵断断续续、骂骂咧咧的杂吵声，国民党军约一个排的兵力，正向第 31 团侦察排走来，发现路上有人，敌人发出一阵惊慌失措的吼叫。段忠宪副团长立即命令团侦察排迅速做好了战斗准备，还没有交火，敌军见势不妙，调转枪口往回跑，转眼之间龟缩到村子里，再也不敢露头了。为了查明敌情，扫除进军障碍，王学礼当即决定以第 31 团 2 营5、6 两个连的兵力迅速包围北央村，以迅雷不及掩耳之势穿插分割，猛打猛冲，力求在数分钟内解决战斗。第 5、6 连接受任务后，立即进击敌军驻守的村庄，指战员们一路射击投弹，一路勇猛冲杀，打得敌人晕头转向，仅 5 分钟战斗就俘敌 10 名，歼敌一部，缴获轻机枪 2 挺、步枪 10 余支。因地形不熟，第 6 连动作稍慢，没能对敌军达成合围，其余敌人仓皇向南逃窜。王学礼命令部队停止追击，从俘虏中查明，该敌为国民党军第 191 师 572 团 3 营外围警戒部队执行巡逻侦察任务的一个排。在弄清了敌军的口令、联络信号、任务等重要情况后，王学礼带着第 31 团继续向益店镇开进。

北央村遭遇战的枪声惊动了驻守在附近的敌军，但敌人弄不清到底发生了什么事，还以为是解放军的小股部队或地方游击队的侦察袭扰，万万没有料到，解放军主力先头部队已突破他们的边沿警戒，渗透到纵深地带。于是,敌军就朝出事方向盲目射击,用密集的火力封锁道路,第31团行军队列的上空不时有流弹飞过。王学礼立即指挥:“大家要大胆穿插,跑步通过敌军的火力封锁区,除了歼灭威胁较大的国民党军外,小股的敌人一律不予理睬,不能因贪图小的战果而贻误战机。时间就是胜利,我们只要早一分钟到达罗局镇,敌人就会早一分钟完蛋。”

午夜时分,一轮皓月高挂在天空,白天的暑热渐渐散去了,微风轻起,指战员们脚步轻松,疾走如飞,越走越快,经过8个多小时的急行军,王学礼所率第31团没有一个人掉队,1000多人的队伍除了唰唰唰的脚步声,指战员们没有任何其他声响地急速前进。在前进中,团侦察排在途中突然和敌军的一个骑兵侦察队遭遇,侦察排果断开火,敌人纷纷落马,一个冲锋就俘虏敌军20多名,残敌落荒而逃。王学礼命令快速打扫战场后,指挥部队继续按预定方向前进。这时,给侦察排带路的向导经不住刚才战斗的惊吓,借机悄悄溜走了。带领前卫营的段忠宪副团长及时在附近的村庄重新找到了一个向导,带领部队继续前进。

12日凌晨2时许,王学礼命令侦察排从荒野小路插到益店镇以东约1.5公里扶风至益店镇的公路上,按预定计划准备强攻益店镇,掩护野战军大部队通过。正在这时,侦察排借着灰蒙蒙的月光,发现迎面跑来两个人,立即制服审问,原来是来村子里给敌军征收粮食的村民。这时,担任警戒的战士报告,侦察排身后的益店镇方向有哒哒哒的马蹄声,侦察排长立即带领侦察排战士迅速散开,形成一个包围圈。马蹄声由远而近,越来越清晰,渐渐看清是一辆马车不紧不慢地摇晃着驶来,车上装满鼓鼓囔囔的麻袋,坐着几个怀抱枪支、昏昏欲睡的国民党军士兵。赶车的敌兵叼着一支烟卷,哼着小调进入了伏击圈。侦察排长一声令下,战士们猛地跃起，几个箭步冲到马车前，国民党兵还未弄清是怎么回事就被缴械，乖乖地当了俘虏。侦察排长突击审问，得知这辆马车是往益店运送军粮的，便立即将敌情向团指挥所报告。王学礼得知抓了几个送军粮的俘虏，不禁联想到战前师首长传达的彭德怀同志在此次战役动员会上的讲话：“西北地区即将进入麦收季节，而 8 月又将进入雨季，如我军6 月底至 7 月初不能开始战役行动，不仅对行军作战十分不利，而且陇东陇南的夏麦将被敌人抢走，增加野战军粮食供应的困难。”现在，麦子刚上场，敌军就开始抢粮了，王学礼不禁由衷地感慨：彭总真是料事如神啊！

益店镇是通往罗局镇的必经之路，镇子附近的村庄，国民党军驻得满满的，第 31 团绕是绕不过去的。王学礼一面指挥部队继续前进，一面与团里的参谋根据掌握的情报，拟定了智取和强攻益店镇的两套作战方案。经过分析判断，如第 31 团对益店镇实行强攻，则要惊动敌军，发生战斗会拖延时间，这样就势必影响战役穿插任务的完成。对敌情全面综合分析后，他果断作出决定，命令部队智取，如果智取不成，再发起强攻。于是王学礼部署道：“团侦察排的战士假扮国民党军，穿上他们的衣服，驾上缴获的马车，拿上他们的介绍信，甩起响鞭，直奔益店镇东门；第 2 营，你们紧随侦察排以两路纵队，沿着公路两侧迅速推进，直逼城下。”

夜深了，益店镇城墙上国民党军的哨兵摇来晃去，枪刺在月光下闪着寒光。敌军哨兵发现了公路上奔驰而来的马车，连忙拉响枪栓，大声喊叫。第 31 团的侦察排一一回复了口令，说是前来送粮食的，要求打开城门放行。敌军哨兵犹豫了一下，正准备下城楼开门，又发现有大队人马向城门口涌来。敌军哨兵感到情况不明，没敢打开城门，只是从门缝里接过侦察排长塞进去的介绍信，满腹狐疑地看了看，慌忙去报告。敌军连长披着衣服，连连打着哈欠，骂骂咧咧地来到城门口，一番盘问，没有发现什么破绽，打开尺把长的铁锁，用力推开城门后就做了第 31 团侦察排的俘虏。第 2 营的先头部队紧随侦察排冲进城内，敌军连长见大势已去，连忙见风使舵，集合全连缴械投降。

第 31 团未开一枪，占领了益店镇。王学礼正安排部队防御，突然又有一支来路不明的队伍从西边公路开来，在益店镇城门口大喊大叫。第 31 团担任哨兵的战士询问并查明，是国民党军为了加强益店镇的防卫力量又派来的保安团一个连队。于是，第 31 团担任守卫的指战员又佯装国民党军，打开了城门，敌军还没反应过来是怎么回事，就稀里糊涂地做了俘虏。第 31 团又一枪未放，俘虏了国民党军 1 个连。

王学礼率第 31 团智取益店镇，打开了第 1 野战军 4 军通往预定作战地区的门户，并对第 1 野战军完成整个战役合围起到了重要作用。第 1 野战军各部立即在广阔的正面展开兵力，迅速隐蔽接敌，实施机动作战。

12 日凌晨 3 时许，王学礼率第 31 团因处置益店镇敌情暂停前进，距离铁路线还有 20 多公里，离天亮仅有 3 个小时。王学礼怕延误战机，命令部队加快了穿插速度，迅速进抵北营后，又迂回至小寨，直插到敌军背后路经张家沟时，俘虏了 2 名敌兵，并查明了该地区守敌系国民党军第 38 军177 师 530 团。

天刚蒙蒙亮，王学礼率部穿过一条塬与塬之间的大沟，遇到水流湍急的小河拦住了去路。王学礼命令指战员们挽起裤腿，互相搀扶着涉水渡河，继续前进。在攀登南塬时，第 31 团与国民党军第 38 军的警戒部队突然遭遇。乘敌人情况不明，疏忽麻痹，没敢开枪之际，王学礼指挥部队立即发起攻击，密集的枪声和手雷、炸弹的爆炸声顿时响成一片。敌军阻挡不住第31团凌厉的攻势、勇猛的冲击，惶惶如惊弓之鸟，四散溃逃。王学礼率部占领了薛沟子等预定位置，并与敌人主力交火。王学礼指挥第2营迅速抢占有利地形，后续部队全部展开，山炮营立即架起山炮向守敌轰击，将敌军压缩包围于小寨村，为围歼敌人创造了有利条件。

12日拂晓，国民党军胡宗南部在罗局镇遭遇第1野战军4军10师顽强阻击。第1野战军能否守住罗局镇是歼灭胡宗南部主力的关键，而敌军能否夺取罗局镇是决定其命运的要害，敌我双方对罗局镇的争夺成为扶眉战役的焦点。第1野战军第4军在罗局镇地区完成第一步截击任务，并将截断陇海线占领眉县火车站的捷报电告总部。彭德怀得知已截断敌军退路，十分高兴，立即向第4军发来贺电，鼓励指战员再接再厉，英勇战斗，并令第1野战军各部“加紧合围，歼灭敌人，一举成功。”王学礼立即向全团传达了这一鼓舞人心的消息，要求指战员坚决响应军部提出的“不让一个敌人通过”的战斗号召。在阵地上，他向全团指战员提出号召：“不陶醉于初战的胜利，准备迎接更艰巨的战斗，坚决完成第二步阻击战的任务，为人民杀敌立功！”

这季节，麦子刚刚收过，塬上还有大片的高粱地。野战军各级指挥员不熟悉平原青纱帐的作战特点，部队进入一人多高的高粱地，由于遮蔽物高大密集，影响观察视线，指挥员一下难以适应新的情况，不能有效地掌握、指挥部队，更无法及时了解敌情、组织火力，有的连、排之间也失去了联系，在战斗中动作不够统一，力量不够集中，步炮协同不够密切，没有起到压制敌军火力的作用。少数干部战士误以为钻进高粱地，敌军就看不见，打不着了，没有在敌人火力下卧倒进行土工作业，反而站着、蹲着，甚至几个人围坐在一起歇息，结果遭到敌军火力的杀伤，造成了一些不必要的伤亡。

面对出现的新情况，王学礼当即命令各营、连不要急躁，沉着应战，利用有利地形重新组织部队，加强通信联系。敌军依仗火力优势，不断向第 31 团阵地实施猛烈的炮火轰击，炮弹像密集的冰雹落在第 31 团的阵地上，打得地里的高粱漫天飞舞。在炮火的掩护下，云集的敌军像蚂蚁一样涌上来，向王学礼部所在的阵地进行多梯队反复冲击。第 31 团的指战员从临时开挖的战壕里爬出来，抖落身上的泥土，英勇阻击敌人。王学礼来到阵地前沿，等敌军接近阵地时，突然组织火力打击，敌人纷纷倒下，指战员们从掩体内一跃而起，端起上了刺刀的步枪向敌人冲杀，打退了敌军一次又一次的攻击。

11 时 15 分，第 1 野战军 4 军命令 11 师除留少数兵力监视小寨之敌外，集中主力向第 10 师阵地罗局镇、刘家塬靠拢，狠狠地打击敌军的猛烈反扑，坚决切断敌人逃往宝鸡的退路，随时粉碎敌军向西突围的企图。这时候，第 31 团 2 营还在和敌人激战，撤不下来，王学礼带第 1、3 营和临时归第 31 团指挥的第 32 团 2 营，经过罗局镇，翻过一道山梁，到达刘家塬以北高地，从第 10 师 30 团左翼加入战斗，并肩抗击敌人。王学礼指挥大家利用战斗间隙抓紧构筑工事，配合第 10 师在罗局镇以南眉县火车站之间 15 公里宽的正面，筑成了一道临时工事，严阵以待，抗击敌军的反扑。

在第 1 野战军 1、2 兵团对敌军实行合围后，能否全歼胡宗南部主力，关键看能否守住罗局镇，堵住这个口子。

国民党军第 18 兵团司令兼 65 军军长李振在战斗打响前没弄清楚

解放军集结地点，做梦也没有想到解放军能神速行军70公里，占领罗局镇，切断了他的后路。战斗打响后，李振惊慌失措地指挥所属第38、65军和第18兵团总部一窝蜂地沿陇海线向宝鸡方向逃窜，不料正碰上王学礼率部与第10师指战员英勇顽强的阻击。穷途末路的敌人，还在困兽犹斗。李振组织所部发起一次次的疯狂进攻，第31团顽强固守阵地。敌军开始突围时，王学礼令第3营出击，由刘家塬向敌人发起连续冲击，虽伤亡较大，终将敌军击退，并把敌人压缩在李家村、强家沟、小寨一线，使第10师主力向东推进了500多米。此时，敌军第18兵团发现退路已被解放军完全切断，即先后令其第65、38军警卫部队及第117师一部在强大炮火掩护下，分数路向解放军第10师30团阵地再次发起猛烈攻击。情况十分危急，第11师师部当即令第31、33团再次出击，从敌人侧翼杀出，突然给敌军拦腰一击，配合第30团夺回了阵地。

12时，垂死挣扎的敌人为挽救其行将覆灭的命运，企图从第1野战军2兵团控制的刘家塬方向再次突围，遂调集大量兵力，在其猛烈炮火的掩护下整连整营地以密集队形发起疯狂攻击。王学礼带领的第31团3营三面受敌，指战员们临危不惧，浴血奋战，与进攻的敌军反复冲杀搏斗，敌人始终未能突破他们的阵地。

在激战中，王学礼抓住战机，以两个营的兵力向敌人右翼猛烈攻击，将敌军拦腰切断，歼其一部，其余敌人全被压下塬去，敌军突围的企图又一次破灭了。接着敌人又组织了更加疯狂的反扑，王学礼指挥第31团的指战员们以大无畏的革命精神，战胜疲劳饥渴，以一当十，勇猛冲杀，冲在最前面的战士与敌人相距仅10余米。第31团迎战敌军穷凶极恶的连续冲击，击溃敌人一次又一次进攻，第31团3营营长和教导员都身负重伤,10 名连级干部伤亡,但仍在奋勇战斗,始终把阵地牢牢掌握在手中。面对敌军连续不断的攻击,王学礼当即命令第 1 营 2 连 3 排的排长王得力:“你们排采取迂回包围战术,要随机应变,由塬畔迂回到敌人的侧翼,在向敌军阵地突然发起攻击,连续夺下敌军的三个阵地后,配合正面部队的攻击。”第 3 排按照王学礼团长的指示,打垮了攻击的敌人。

12 日 15 时左右, 解放军第 10 师已经击溃了敌人四五次轮番冲击后,国民党军第 65 军集中炮火和大量兵力,再次向第 10 师 30 团 3 营所坚守的塬边高地组织了一次规模最大的猛攻。战斗出现了胶着状态,第 30 团使用了预备队,甚至师政委也把身边的警卫、通信人员派到前沿阵地支援连队战斗。就在第 10 师阵地前出现危机的千钧一发之际,王学礼奉第 4 军军部命令率第 31 团及时赶到眉县车站北面的塬上。在第 10 师统一指挥下, 第 31 团 1 营作为二梯队,3 营和第 32 团 2 营就地展开,暂时在青纱帐里隐蔽待命。这时, 第 4 军 10 师刘懋功[②]师长高兴地迎上前来,王学礼主动上前请求战斗任务,刘懋功师长对王学礼说道:“你们真是雪中送炭啊!你带部队从第 30 团 3 营左侧向敌军侧背狠狠出击,由北向南,以破腹战术围歼第 65 军一部。”随后王学礼率部从敌人侧后猛攻过去,第 30 团的指战员见状,士气倍增,全团立即全线出击,反击敌人。

在激战中,王学礼带领第 3 营主动出击,反复冲杀,减轻了第 30 团的压力。敌人的炮弹呼啸着凌空而下,不时地在王学礼的周围数十米处爆炸,弹片四处横飞,警卫员见状立即一跃将王学礼扑倒在地,用自己的身体掩护住团长。随着几声沉闷的爆炸,王学礼赶紧翻身抱起警卫员,只见他身中数枚弹片,鲜血染红了军衣。王学礼急切地呼唤着警卫员的名字,但他已经闭上了眼睛,牺牲时没有留下一句话。敌军又冲上来了,王学礼对战士们大吼一声:“打!”带头向敌人冲去,两发流弹贴着王学礼的头皮飞过,帽子被打裂了一条口子。战斗异常激烈,指战员个个奋力拼杀,干部伤亡了,下级主动代理指挥;冲散的指战员自动组成战斗小分队继续战斗;身负轻伤的人坚持不下火线,身负重伤的依然顽强地坚守阵地。王学礼所率第3营9连人员伤亡过半时,仍集结了20多人战斗在最前沿,没有子弹了就从敌军俘虏身上缴获,或爬到敌人尸体上搜集,再与敌人战斗。经过一次又一次的恶战,王学礼率第31团与第30团合力击退了敌军连续9次的集团进攻,一直到战斗结束,敌人也没有找到一线突围逃跑的空隙。

战斗持续到下午,第30、31团的指战员已近20个小时没有吃饭了。骄阳似火,高粱地里更是密不透风,指战员们水壶里的水早已喝光,大家渴得嘴皮裂开血口,随手拣起身边被炸断的高粱秆子解渴,有的干脆光着膀子抗击敌人。这时,第1野战军2兵团3、6军向罗局镇地区的敌军右侧背发起了进攻,逐渐紧缩包围圈,将敌人3个军的大部及敌第18兵团全部压缩在午井以西、高王寺以南、罗局镇以东渭河河滩。

17时40分时,解放军第11师指挥部发现国民党军阵地已经出现了混乱,敌人有动摇逃跑的迹象,遂令各团不再等待炮火的支援,立即发起猛攻。敌军依托坚固的工事继续负隅顽抗,并孤注一掷地拼凑其残部向第11师连续发起了几次反扑。王学礼率部冲入敌军阵地,指战员们一个个如下山的猛虎,经过激烈的肉搏,敌人狼狈溃逃。第31团和兄弟部队一起将溃逃的敌军全部消灭,俘敌1000余人。

19时30分,刘家塬战斗结束后,小寨的敌军除一部南逃被友邻部队歼灭外,其余敌人全部被解放军第30、31团追歼于渭河的北岸。当残余的敌军渡河逃跑时，遭到第1野战军炮火的猛烈拦击，王学礼率第31团3连奋起直追，从敌军后面直插河边，抢先涉水渡到河南岸，当即截击一股逃命敌人，俘敌200余人、牲口20余匹，缴获一大批卡宾枪、轻重机枪和数十吨各种弹药。

与此同时，第1野战军1兵团也沿渭河南岸西(安)益(门)公路西进，歼灭国民党军第90军主力，敌第36军惧歼南逃。第1野战军1兵团占领眉县，控制渭河南岸河滩，完成了对渭河以北胡宗南部3个军的战役包围。黄昏，第1野战军截击歼灭南渡渭河溃逃的国民党军胡宗南部近万人。

14日，乘胜西进的第1野战军主力，相继攻占蔡家坡、岐山、益门镇、凤翔、宝鸡等城镇。退守永寿、邠(彬)县等地的"马家军"按照"胡马协约"准备增援胡宗南部，并派小股骑兵活动侦察，将主力集结于永寿、崔木镇地区，见胡宗南部主力迅速被歼，未敢增援。至此，扶眉战役胜利结束。

扶眉战役，解放军第1野战军共歼灭国民党军4个军，4万多人，解放县城8座和陕中广大地区，达到了完全割断"胡马"联系的战略目的，取得西北战场在解放战争中空前的大胜利。从而使西北战场的军事形势发生了根本的变化，加速了解放大西北的进程。

在扶眉战役中，王学礼率第31团共歼敌2000余人，胜利完成了阻击任务。《中国人民解放军步兵第11师军战史》中评价王学礼和第31团：

> 1949年7月，在围歼胡宗南4个军的扶眉战役中，王学礼率第31团一夜急行军140华里，直插罗局镇，断敌军西逃退路，达成战役合围，对整个战役的胜利起了重要作用。

1953年，为了纪念在扶眉战役中英勇牺牲的3000多名第1野战军指战员，眉县、扶风、岐山3个县的县委、县政府修建了扶眉战役烈士陵园。扶眉战役纪念碑高19.49米，象征着扶眉战役在“1949年”取得胜利，碑身由纯白大理石镶砌而成，纪念碑南面雕刻有“扶眉战役烈士永垂不朽”10个鎏金大字。纪念馆展示着有关领导的题词、题字，陈列着战旗、锦旗、奖章以及缴获敌军的部分武器和报话器材等和1000多件烈士遗物。其中，有第31团团长王学礼用过的望远镜。

1949年7月，王学礼参加扶眉战役时留影

2012年出版的《扶眉战役回忆录》收入刘懋功首长的回忆录《歼敌主力于渭水之滨》文中回忆：

> 左爱政委拔出手枪高喊：“共产党员同志们，不能让一个敌人突围呀！”带领指挥所干部和警卫员冲到第一线去堵击敌人。我飞快地跑到一片玉米地边，看到第11师31团团长王学礼同志在距我约百米处的塄坎上站着。我一招手，他跑步来到，我说你带两个营从第30团第3营侧翼出击。王学礼团长立即率部队猛攻敌人中间部，夺回被敌人攻占的阵地，解除了危险……

徐立清、张文舟首长在《鏖战渭原威震西北》（收入《扶眉战役回忆录》）一文中回忆：

敌人发觉了后路已被我军切断，遂调整部署，在炮火掩护下，向我军轮番冲锋，妄想突围。我第4军第10师、第11师顽强奋战，同敌人反复拼杀，坚守着罗局一线。广大指战员在“堵住敌人就是胜利”的口号鼓舞下，发扬革命英雄主义精神，忍着炎热和饥渴，没有人叫苦。子弹打完了用手榴弹，手榴弹打完了就用铁锹和枪托和敌人拚，寸土不失，誓与阵地共存。在塬畔指挥战斗的刘懋功师长由于连续指挥作战，熬红了双眼。第31团团长王学礼主动向刘师长请战，奉命带部队从敌人侧后打过去，以消灭敌人的进攻。久经战火考验的王学礼同志，机智地带领部队从一片玉米地里向敌人包抄过去，把敌人拦腰切断压下塬去，从而巩固了阵地……

注释：

①红军西路军，是指1936年10月，由中国工农红军第四方面军主力2.18万人（占当时红军总数的2/5）组成，西渡黄河作战的一支革命军队。红军西路军在甘肃河西走廊与“马家军”进行了4个多月的英勇作战，由于兵力悬殊，最后弹尽粮绝，惨遭失败，在中国革命战争史上写下了悲壮的篇章。

②刘懋功（1916—2009），陕西渭南澄城人。1934年参加中国工农红军。同年加入共青团。1935年，由共青团转入中国共产党。历任陕宁晋绥联防军旅参谋长，第1野战军10师师长。参加了宜川、扶眉、兰州等战役。兰州战役任第1野战军第4军第10师师长。1955年授予少将军衔。新中国成立后任兰州军区空军司令员等职。

第十二章　兵临金城

在扶眉战役中,第1野战军4军勇猛穿插,大胆迂回,神速截断敌军退路,王学礼率部在罗局镇打了个非常漂亮的阻击战,为确保整个战役的胜利立了头功。彭德怀和"前委"通令嘉奖第4军全体指战员,《群众日报》以《四军健儿建立奇功》为题,给予了热情洋溢的赞扬和高度评价。第4军隆重召开立功授奖大会,第31团3营荣获"钢铁第3营"的光荣称号,指战员们深受鼓舞。授奖大会后,第31团各营、连的干部就被战士们拥进团部,围着王学礼团长打听下一步的作战任务,纷纷要求争当突击队,生怕捞不上仗打,让荣誉都被第3营扛走了。请战书、入党志愿书一份又一份地递交到团部,全团群情激奋,斗志高昂,时刻准备投入杀敌立功第一线。

1949年7月中下旬,参加扶眉战役后的第1野战军进行战斗间隙的休整,准备挥师西进,目标直指战略要地——兰州。

王学礼率第31团在陕西凤翔地区集结待命。新解放区的人民欢天喜地,夹道欢迎人民子弟兵进驻村庄休整。从国民党反动派铁蹄下获得解放的广大翻身农民,从子弟兵身上解下背包,抢着拉进自己的家门。大娘大嫂端茶倒水,问寒问暖;姑娘媳妇碾米磨面,生火做饭;年轻力壮的小伙子到处打听谁是"长官",要报名参军;娃娃们跑前跑后,缠着解放军叔叔讲述战斗故事。第1野战军所到的各村庄杀猪宰羊、送公粮、做军鞋，热情慰问子弟兵。王学礼和指战员们为老百姓挑水劈柴、垒墙修房、平整道路、打扫卫生。团政治处的同志在村头巷口向翻身农民宣传全国即将解放的大好形势，到处呈现出一片拥军爱民、鱼水情深的感人景象。

经过短短半个月的休整，第31团的指战员们消除了疲劳，恢复了体力，还补充了一大批新战士。许多苦大仇深的翻身农民踊跃报名入伍，要为打倒蒋介石、解放全中国贡献力量，到处是父送子、妻送郎的感人场面。第31团充实到1700多人，王学礼抓紧对新入伍的战士进行训练，准备开赴新的战场。从扶眉战役中缴获的大量新武器装备，及时分发到各营、连、排的指战员手中，全团装备齐全，战斗热情高涨。

自打扶眉战役胡宗南部主力被歼，国民党反动集团更加寄希望于“二马”同解放军第1野战军较量。此时“马家军”害怕被第1野战军歼灭，仓皇北撤，尚未遭到歼灭性的打击。处于绝望之中的国民党反动集团过高地估计了“二马”的力量，妄图依靠“马家军”扭转西北战局，积极策动“二马”与第1野战军决战于平凉地区。“马家军”认为平凉系甘肃、宁夏两地之咽喉，为第1野战军进军西北的必争之地，且关山险要，多深壑峭壁；“马家军”又有兰州、银川为后方，供应比较方便，而第1野战军远离后方，供应必定十分困难；胡宗南残部乘机自秦岭配合出击，必将陷第1野战军于首尾难顾的困境。“二马”还妄图在第1野战军进入少数民族地区后，煽动民族矛盾，使第1野战军无法立足，从而被消灭于陇山之中。

毛泽东在扶眉战役开始前，曾于6月26日指示彭德怀同志：“国民党中央政府正在准备从广州迁往重庆，为使伪政府放心迁往重庆，而不迁往台湾，以及使胡匪不致早日入川起见，你们暂时似不宜去占汉中，让汉中留在胡匪手里几个月似较有利。”彭德怀根据毛泽东的指示，在第 1 野战军消灭胡宗南部主力后，暂时不去占领汉中，乘胜发起对“二马”的追击战。这时，毛泽东给彭德怀来电说：“打胡胜利极大，甚慰。不顾天热，乘胜举行打马战役是很好的。”

7 月 19 日，彭德怀在虢镇附近的文广村召开军以上高级干部会议，传达了党中央、毛泽东的重要指示，并提出了平凉战役的作战计划。彭德怀在分析敌情的时候指出：“胡宗南在扶眉战役后虽然尚有 10 余万的兵力，但分散在东起秦岭之东江口和佛坪，西至徽县、成县、两当县的武都地区，南至安康、汉中及其以南地区，已成惊弓之鸟，时刻惧怕第 1 野战

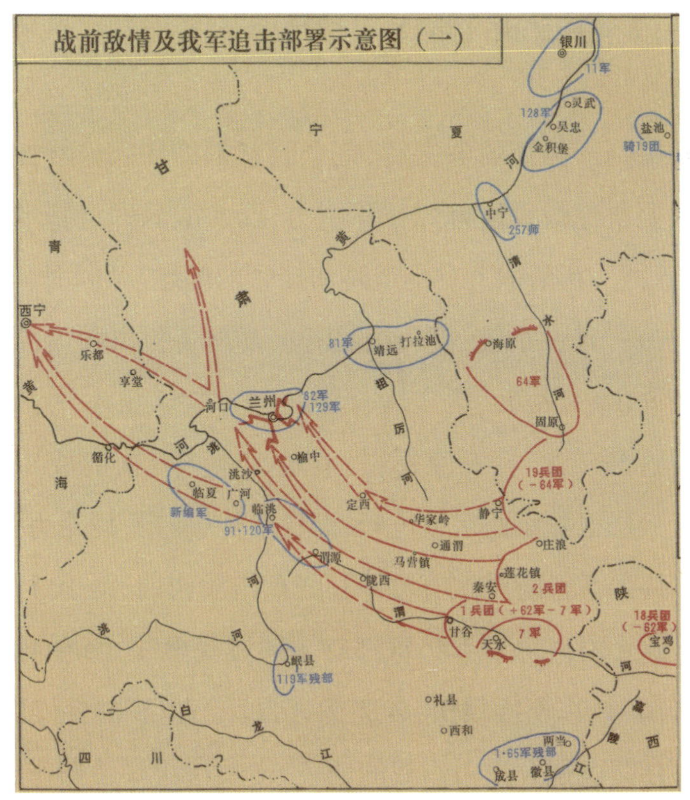

军进攻，短期内已无向野战军占领的关中地区发起进攻的能力；'二马'退守陇东地区后，如继续后撤，将失去甘、宁之咽喉——平凉，势必造成解放大军直捣兰州、银川的形势，估计'二马'在尚未遭第1野战军歼灭性打击的情况下，必将凭借平凉一带天险进行抵抗。"因此，彭德怀决心以第18兵团2个军钳制胡宗南的部队，保障第1野战军后方的安全，集中第1、2、19共3个兵团及第18兵团62军共10个军追击"二马"，力争歼其主力于平凉地区。具体部署是：以第19兵团附骑兵第2旅为右翼，沿西兰公路及两侧向平凉攻击前进；以第1、2兵团为左翼，分两路平行北上，先取陇县，直插平凉以西，断敌军的退路，并打击由兰州、固原方向可能增援的敌人；以第18兵团62军为总预备队。彭总还指出："西北地区雨季逼近，陇县南北山高路险，人烟稀少，战役行动应尽量提前，推迟则困难更多。"

毛泽东接到彭德怀的电文后，完全同意彭德怀的作战计划，并高兴地断定："只要平凉战役能歼'二马'主力，西北战局即可基本上解决，往后占领甘、宁、青、新基本上只是走路和接管的问题。"同时，毛泽东一再指示："打'二马'是一个较为严重的战役，要准备付出较大的代价，千万不可麻痹轻敌，疏忽大意。"

王学礼这几年来与"马家军"也有过大小十几次的战斗较量，熟知"马家军"有一层很神秘的宗教色彩，而且凶悍、残暴，战斗力强。特别是"青马"的步兵师，每师有2个步兵团(陇东作战初期，第100师有3个步兵团)、1个骑兵团，每个步兵班都有1匹骡马驮1个班的辎重和重武器，因此"青马"行军速度很快，奔袭能力强。"青马"的保安团有训练士兵、补充主力部队、配合主力作战的任务，士兵恃勇好杀的作战意志和作风在保安团就已经养成了。“青马”作战一方面靠士兵的顽强奋勇，一方面也有些战术，其善于偷袭或反袭，战斗中往往将对方引入有利地形，利用骑兵快速突击。在扶眉战役中，“青马”望风而逃，平凉决战终因“二马”和胡宗南部互不配合，“青马”没有什么作为。在随后7月的固关战斗中，虽然第1野战军1军全歼了“青马”骑兵第14旅，但其元气还没有大伤。之后，“马家军”向兰州撤退，马继援仍不服输，伺机在定西地区同第1野战军决战，并声言要和共军打“运动战”……

当王学礼把毛泽东和彭德怀的指示以及第1野战军关于解放大西北的作战方针向第31团传达后，团党委把“保持光荣、再立新功”的战斗号召变为临战前的实际行动，迅速掀起了练兵热潮。王学礼组织指战员仔细分析“马家军”惯用的战术，认真研究克敌制胜的办法。针对“马家军”的战术特点，第31团各单位结合作战任务，抓紧时间进行有针对性的训练，着重训练了打骑兵和拼刺刀的战术。第31团驻地的墙壁上到处刷满了“打到兰州去，解放大西北”“进军大西北，消灭‘马家军’”的醒目标语，指战员一提起“马家军”，无不切齿痛恨。

在部队临出发的战前动员会上，王学礼根据西北地区的地理环境、风土人情，向全团又作了一次深入的思想动员，要求全团指战员发扬毛泽东提倡的人民解放军既是战斗队又是工作队的优良作风，要一面英勇作战，解放“马家军”统治下的劳苦大众，一面努力做好新解放区的群众工作，特别是要自觉执行上级新颁发的《宽待回民俘虏守则》。王学礼号召全团指战员说：“多少年来，‘二马’大搞封建割据，以极其残酷野蛮的手段，盘剥西北各族人民，使甘、青、宁成为全国最黑暗、最落后的地区之一，广大劳动人民过着饥寒交迫的悲惨生活。穷凶极恶的‘马家军’，一贯与人民为敌，现在终于轮到收拾他们的时候了，全团指战员一定要发扬不怕流血牺牲的精神，在战斗中学习‘钢铁第3营’，冲锋陷阵，再立新功！”

为了克服大兵团行军作战的生活困难，第31团党委发动全体指战员开动脑筋、想办法，并对行军中的宣传鼓动、筹购粮食、群众工作，以及怎样寻找水源、山区如何野外露营都作了周密的安排。为了适应山地作战的需要，保证弹药的及时供应，随时歼灭可能遭遇的“马家军”偷袭，王学礼把团机关人员编成了能指挥、能参战的精干指挥部，要求每个干部的骡马都驮了一定数量的弹药，精简轻装，按时出发。

在进军大西北之前，第1野战军颁布了《回民工作手册》《团结回民守则》等规定，要求各部队严格执行，还规定了保护清真寺、尊重回族群众风俗习惯、损坏老百姓东西要赔偿、不增加回民负担等9条纪律。王学礼要求部队不折不扣地执行野战军制订的宗教政策，主动保护清真寺、拱北，自觉遵守不去回民房子洗澡、不干涉回族群众念经，部队宁肯露宿街头，也不进民房和清真寺。

第1野战军4军进入回族聚居的张家川地区后，军部首长前往张家川清真寺，举行小型座谈会，宣传党的民族宗教政策。有的连队（回民连）官兵现身说法，向回民进行深入的宣传，消除了回族群众的疑虑。在短短时间里，回族群众了解了共产党和人民解放军对少数民族的政策，远在会宁、定西、临夏的一些回族同胞也跑来回民区关心地打听情况，当看到人民解放军对各族群众秋毫无犯时，回民群众都放心地回去了。

王学礼率第31团随大军翻过关山，进入回汉民杂居的地区后，奉命暂停前进，在张家川、陇山等地区待命休整。

由于历史上的回汉纠纷，国民党反动派的欺压蹂躏，长期以来造成了严重的民族隔阂，特别是“二马”为保其反动统治，大肆进行反动宣传，诬陷人民解放军“杀回灭教”“共产共妻”，造成回族群众的恐惧心理。“二马”还令其匪徒伪装成人民解放军，烧杀淫掠，致使部分回族群众听说解放大军将至，便纷纷携家逃避一空。如何正确对待少数民族，成了第1野战军西进的一个最重要的政治问题，这个问题如果解决不好，直接影响到进军的速度和新解放区的巩固。面对这种情况，王学礼带领团政治处的同志根据军部于8月1日在马鹿镇米家大滩印发的《第4军纪律教令》中的规定向部队反复进行宗教信仰自由和尊重少数民族风俗习惯的教育，各连普遍建立了宣传组和纪律检查组。每到一个地方宿营，宣传组便深入村庄山寨宣传“天下穷人是一家，回汉民族如兄弟”的革命道理。王学礼带领团机关人员亲自下到各连队督促检查，有时他还请清真寺阿訇介绍回族风俗习惯，教育指战员要严格遵守。

清真寺是伊斯兰教徒的圣地，部队经过清真寺时都在寺门前贴上了“宗教信仰自由，保护清真寺”的标语。部队行军或在清真寺附近露宿时，都能严格遵守民族政策，没有人员擅自进入清真寺内。回族忌食大肉，王学礼带领部队在村外做饭就不借用回民的灶具，做饭尽量用河水，如果用井水也按照穆斯林的风俗，请回族群众帮助打水。王学礼带领群众工作组和医务人员，访贫问苦，给群众治病。

在回民区墙壁上写了“保护清真寺”

有一次，王学礼带几个战士来到一户破旧茅屋的门口，有老两口赶忙出门迎上来，硬是不让他们进屋——原来老两口的女儿都 18 岁了，还没有像样子的衣服穿，白天卷着几块破毡片连成的被子躺在炕上，只有等到晚上母亲睡觉时，女儿才穿上母亲的破旧衣服下炕来做点事。王学礼明白真情后，连忙叫警卫员把自己的一套最新的衣服送给他们。在王学礼的带动下，第 31 团指战员们也纷纷拿出自己本来就不多的衣物救济回族群众……

当时，有一首“花儿”这样唱到——

马步芳当上了长官，
穷人的骨头里熬出了青烟。
马步芳坐了（个）兰州城，
河洲城拔了（个）新兵，
娘老子心痛着地面上滚，
回乡里动了（个）哭声……

曲调悲苍忧愤，如怨如诉，字字伤心泪，句句血凝成，道出了那时候回族人民的苦难与辛酸。这与人民解放军关心群众疾苦、为群众做好事形成了鲜明的对比。人民解放军以实际行动感动了少数民族群众，树立了民族团结的光辉形象。

在挺进大西北的征途中，王学礼带领大家千里行军，纪律严明，秋毫无犯，并利用行军和战斗的间隙，积极开展群众工作，帮助老百姓把房屋修理好、东西放整齐、毛驴给喂饱、鸡蛋收藏好，院子也打扫得干干净净。第 31 团每离开一个地方，王学礼都命令各营、连的纪律检查组严格检查民族政策的执行情况，并及时纠正违反群众纪律的行为，受到各族人民群众的拥戴。指战员模范执行党的民族政策的实际行动使回族群众很快消除了疑虑和误解，灾难深重的少数民族同胞，纷纷控诉“马家军”的种种罪行。广大回汉群众像对待自己的亲人一样，主动给部队腾房子、烧开水，送柴、送米，外逃的群众纷纷返回家园，不少人还主动要求给部队带路，积极支援解放军行军作战。从“二马”反动统治下解放出来的广大地区，迅速建立了人民政权，安定了社会秩序。许多回汉青年纷纷要求参加解放军，历史上长期存在的民族隔阂冰消雪融，共产党和解放军的民族政策取得了伟大的胜利。

根据毛泽东和中央军委的战略决策，在彭德怀的亲自率领下，第1野战军兵分3路，经天水、陇西、平凉等地，直插高原古城——兰州。来自新老解放区的15万民工和数千辆汽车、马车跟随第1野战军行动，帮助救护伤员和运送各种作战物资。马车拉着粮食、毛驴驮着弹药，民兵们扛着担架，一个个意气风发，积极为第1野战军解放兰州贡献一分力量。

7月24日，第1野战军留第18兵团62军于宝鸡、西安一线钳制国民党军胡宗南部，主力部队浩浩荡荡地向西挺进。千里西（安）兰（州）公路上，卷起了冲天的黄尘，两旁雄赳赳的第1野战军步骑兵和中间隆隆的汽车队、炮车队汇集成一股滚滚向前的铁流，锐不可当。

王学礼带领第31团指战员抱着“消灭‘马家军’，解放大西北”的坚定信念，日夜兼程，追歼“马家军”。第31团属于第1野战军中路军，行军路线在峰峦连绵的山区，地广人稀，山高谷深，交通不便。时值初秋，陇东高原的气候像孩子的脸——说变就变。时而骄阳似火，热气腾腾，汗水湿透了衣衫和绑腿；时而大雨倾盆，有时还夹杂着一阵蚕豆大的冰雹，指战员们浑身湿透了，身上的背包、干粮袋的负荷更重了。恶劣的天气，崎岖的山路，加上公路桥梁、渡口船只、通信设施又遭到“马家军”的严重破坏，给部队行动带来了许多严重的困难。特别是进入雨季后，山间小路泥泞难行，粮食、鞋子、弹药、经费接济不上。但是，王学礼和指战员们不畏艰险，克服困难，翻山越岭，继续前进。

为了解决粮食的供应不足，王学礼组织了筹粮工作队，随时就地向各族群众购买和借用部分粮食。没有时间磨面，他和战士们常常煮麦粒为食，但没有一个人叫苦。山区缺水，有几天行军，方园百十里见不到水井，连一条有水的小溪都很难找到。当地老百姓吃的都是窖水，有的地方水甚至比粮食还珍贵。第 31 团的指战员宁愿忍受干渴的煎熬，也不轻易动用群众的窖水。在烈日的灼烤下，行军路上热浪袭人，战士们一个个口舌冒烟，干渴得话也说不出来。有的战士支持不住了，走着走着，一头栽倒在地上，有的战士不得不喝自己的尿水。有时警卫员好不容易给王学礼找回一点水，他都让给伤病员喝。王学礼号召党员干部有水先让伤员和战士喝。在这最困难的时候，第 31 团的指战员更加表现出团结友爱的精神。

第 31 团行军经过固关时，王学礼看到第 1 野战军先头部队 1 兵团重创“马家军”骑兵第 14 旅的战场上敌人尸横遍野，一片惨败景象。他借我军获胜的战例，进行广泛宣传，鼓舞士气，振奋全团指战员的战斗精神。

王学礼率部追击“马家军”出了固关后，天气由炎热骤然变冷，沿途村落稀疏，民房很少，部队往往露宿街头旷野。一天夜晚，炊事班在河边埋锅做饭，王学礼到河边捧起一掬清清的溪水漱漱口，掏出毛巾擦了一把脸，就去检查部队宿营情况。他走过一顶顶各式各样低矮的帐篷时，时不时听见一阵阵剧烈的咳嗽声，引起了他内心的严重不安。许多战士不适应西北高原的气候，患了感冒、痢疾等疾病。王学礼立刻通知卫生队沿途采集草药，给患病的战士服用，使他们早日恢复健康。进军中，王学礼将自己的战马让给伤病员骑，他和战士们一道步行，还不时地帮战士扛枪，不断地进行宣传鼓动，指挥战士们高唱战歌：

前进！前进！我们是伟大的人民解放军，英勇追歼“马家军”，光荣立功就在今天，就在今天……

7 月 27 日，“宁马”已向平凉以西撤退，“青马”主力也撤至静宁地区。第 1 野战军长驱直入陇东，跟踪追击“二马”，仓皇撤退的“马家军”处于战退难决的窘境。根据这一情况，彭总断定敌军已放弃在平凉与第 1 野战军决战的企图，而改为各保其家，节节抗击，迟滞第 1 野战军前进的战法。遂于当日发出命令，修订原定的作战计划，命令第 1 野战军分路追击“二马”。第 1 野战军 19 兵团司令员杨得志和政委李志民率部继续追击“宁马”，第 1、2 兵团则分两路追击“青马”，歼灭一切被追击的“马家军”。第 1 野战军神速运动，紧紧咬住敌人，穷追猛打，解放了陇县县城，“青马”马继援部西退固关镇、关山岭一带进行顽抗，妄图阻止第 1 野战军西进，并在甘肃境内的庄浪、静宁和宁夏的隆德等县集结 5 个步兵师兵力，企图增援固关地区，凭借山险与第 1 野战军对抗。

第 1 野战军虽然取得了固关、任山河战斗的胜利，但由于“马家军”狡猾的诈降和凶残的反击，人民解放军参战部队也付出了流血牺牲的代价。王学礼根据战况通报，在行军的间隙，及时组织指战员分析固关、任山河战斗中“马家军”的战术，特别是教育战士们要认识到敌军诡诈、凶残的本质。经过对于这两例战斗的认真分析、讨论、总结，全团指战员提高了认识，统一了思想，并总结出针对“马家军”诈降的应对战术。

经过固关、任山河、三关口、六盘山战斗，第1野战军歼灭“马家军”骑兵第14旅和“宁马”一部，共计5000多人，解放大军突破了六盘山天险，直入甘肃腹地。“马家军”失去了平凉地区这一有利的决战阵地，陷于空前不利的困境，使兰州、银川两地直接暴露于第1野战军的攻击之下。

“二马”被第1野战军分割，兰州、银川告急，对国民党反动派妄图固守西北与西南进行顽抗的梦想又是一次沉重的打击，引起逃往广州的国民党反动政府的极度恐慌。国民党政府行政院长阎锡山急忙在广州召集马步芳、马鸿逵、胡宗南举行“西北联防会议”，策划了兰州决战计划：“青马”节节抵抗后退守兰州，牵住第1野战军主力，然后“宁马”退出固原转向兰州，胡宗南部则进击陇南，并派空军支援，包围合击第1野战军。国民党反动派认为兰州地形险要、工事坚固、兵力雄厚、易守难攻，而第1野战军经过长途跋涉、部队疲劳，后方运输线长、补给困难。“青马”妄图以逸待劳，吸引第1野战军主力于兰州城下，坚壁清野、断了后路，凭借其强固工事和精锐部队负隅顽抗，消耗第1野战军有生力量，然后在“宁马”和胡宗南部的策应下，造成内外夹击的态势，歼灭第1野战军于兰州外围。会上，阎锡山极力调解“青马”和“宁马”的矛盾，马步芳与马鸿逵两人多次抱头痛哭，发誓要同生死共患难，并商定一同坐飞机回兰州。可在飞机将要起飞时，马鸿逵却突然变卦，以回宁夏亲自部署出兵增援兰州为借口，先回银川了。

早在1949年7月6日，即扶眉战役前，毛泽东在《解决西北敌军的方针》中，就曾指出对“二马”应予区别对待，提出要首先打马步芳。马鸿逵是傅作义将军的拜把兄弟，曾派人向傅作义表示有向解放军求和之意。毛泽东设想在歼灭马步芳后，对马鸿逵可在军事打击下尽量争取用政治方式加以解决。马步芳对胡宗南部的失败和蒋家王朝的垂危颇不甘心，依然以“挽狂澜于既倒，定乾坤于西北”为己任，在其就任西北军政长官时就曾宣称“我要拿下西安，杀出潼关，砥定中原，占领全国”。彭德怀和第1野战军首长纵观全局，深谋远虑，认为歼灭“青马”是解放大西北的关键。经陇东一战，“二马”虽然已经分成孤军，各自为战，若同时进攻“二马”，则第1野战军兵力分散，如果先夺宁夏，会给“青马”造成动员甘、青和新疆的兵力部署新防线的机会。当时，纵观“青马”动向有两种可能：一是在兰州同第1野战军决战，二是退守青海老窝，如逃回青海，将造成第1野战军进军作战的严重问题，延长西北全部解放的时间。因此，彭总决定第1野战军的作战方针是力争同“青马”决战于兰州，而严防敌人逃回青海。

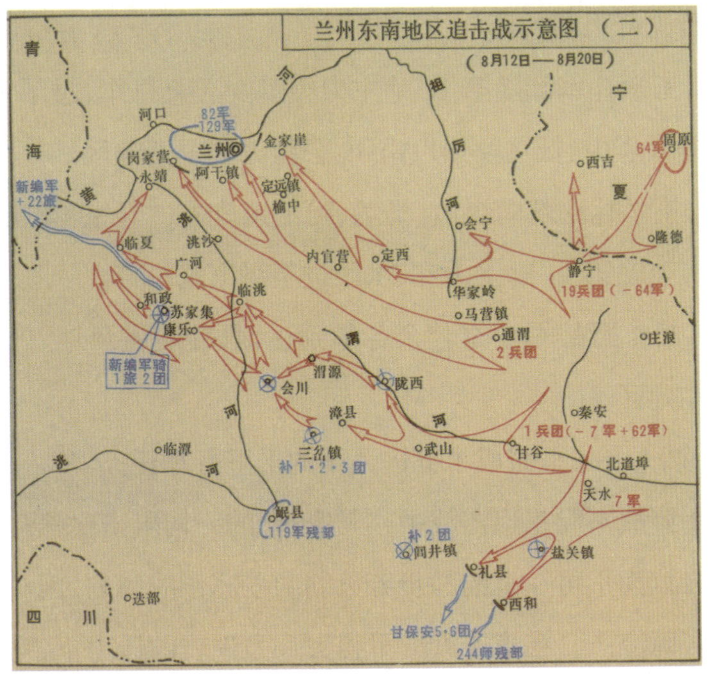

在全国各战场胜利形势的鼓舞下，第1野战军乘胜追击，“马家军”生怕遭到围歼，只派出少数分散的骑兵与人民解放军接触，一触即溃，立即逃走。第1野战军所到之处，来不及逃窜的国民党反动派地方武装，纷纷投降，有的早已溃散回家。王学礼率部在挺近兰州的途中，时刻注意做部队的政治思想工作，坚决执行第1野战军总部的规定和要求，对战斗中俘虏的回族官兵，严格执行不打不杀、不搜腰包、不侮辱人格、有伤病给予医治等宽大优惠政策，对登记回家的回族官兵发给了路费，还尊重穆斯林的风俗习惯，给予另起炉灶，允许其做礼拜、念经等宗教活动。俘虏的回族官兵，经过政治教育和诉苦“三查”，有的还加入了人民解放军；有的被释放回家，他们在沿途宣传共产党、解放军优待回族俘虏的政策和优良的纪律、作风。

8月4日，彭德怀发布进军兰州歼灭“青马”的作战命令，决心集中优势兵力首先歼灭“青马”。

18日，王学礼率部随第11师主力经过9天急行军，过了定西，穿过林木青翠的兴隆山，抵达兰州以南40公里处的羊寨地区。

19日，王学礼率部向煤山、马场、阿干镇攻击，“马家军”骑兵2个连闻风而逃。当晚第11师主力和31团进至潘家岘一带。

20日，第1野战军4军其余各师到达西果园、尖角地、上狗牙山等预定的集结地区。

至此，第1野战军完成了挺进兰州的千里行军任务。

在第1野战军陇东追击战中，“马家军”的一切阻击决战计划全部归于失败。自以为不可一世的马步芳策划的平凉作战计划，因马鸿逵不愿做“马前卒”而流产。在第1野战军强大兵力进攻的压力下，马鸿逵为保其老巢宁夏，命令他的第128军军长兼前线总指挥卢忠良率部向宁夏节节撤退。马步芳见马鸿逵溜了，也不得不令其子马继援率领的陇东兵团向兰州后撤。与此同时，迂回西宁的第1野战军1兵团打败了“青马”骑兵军，解放了临洮和洮沙地区。

第1野战军举行解放兰州动员大会，战士们在宣誓

第1野战军3路大军在进军兰州中以疾风扫残云之势，长驱直入700多公里，先后解放了平凉、定西、陇西等30座县城。捷报频传，王学礼和指战员们都受到了极大鼓舞，进一步坚定了克敌制胜，解放兰州的信心。

第十三章　备战黎明

兰州，古丝绸之路的重要节点，自古就是内地联通中亚地区的咽喉，处于历代兵家必争之地，是重要的军事关隘，战略位置十分重要。清朝康熙五年（1666 年）陕甘分治，设甘肃行省，省会由巩昌（今陇西）迁至兰州。从此，兰州一直为甘肃的政治中心。清朝乾隆二十九年（1764 年）陕甘总督衙门自西安移驻兰州，裁减甘肃巡抚，自此兰州成为西北政治、军事重镇，用以“节制三秦”“镇守陇原”“怀柔西域”。

王学礼率第 31 团作为第 1 野战军 2 兵团 4 军 11 师的前卫团，歼灭阿干镇的守敌后，前进至阿干镇以北的大煤山地区时，站在一处山顶上观察地形，远眺群山环绕着的古城兰州，恰逢雨季水大，浊浪滔天的黄河犹如一匹脱缰的野马，奔腾在南、北两山脚下，穿城而过……

在行军休息的时候，王学礼给全团的指战员讲道：“抗战时期，兰州是大西北的军事、政治、经济、交通中心，在地理上为扼制青海、甘肃河西走廊、新疆及宁夏的枢纽，为中原通往西南、西北的交通要冲，战略地位十分重要，是中国抗战时期物资补给重要的中转站。当时沿海被日本侵略者封锁，而苏联是抗战初期唯一对中国提供军事援助的国家，苏联援助中国的战略物资，通过西北国际交通线抵达兰州，再陆续被送往全国其他各个战区，可见兰州地理位置的重要啊。”

在战前形势分析和讨论中，通过王学礼的详细介绍和讲述，第31团指战员不但清楚了兰州是三面环山、北临黄河、工事坚固、易守难攻的国民党在西北的政治、军事中心，也知道国民党反动派为确保青海、宁夏、甘肃，并钳制第1野战军主力不能经秦岭下四川，制订了“兰州决战计划”，企图3路夹击第1野战军，策应南方战场，并确保兰州要地。王学礼对指战员们强调：“针对兰州的特殊地形地势和敌军的军事部署，我军若要控制兰州，首先要夺取南部面山敌人阵地，这是我们必须要啃的硬骨头！”兰州的南山自东向西依次为十里山、古城岭、窦家山、马架山、营盘岭、沈家岭、狗牙山。这些山上有抗战时期修筑的永久性钢筋水泥防御工事，现在“马家军”又不断增补加固，组成了纵深10余公里的坚固防御阵地，作为兰州的主要屏障。其中沈家岭离黄河铁桥最近，又与狗牙山一起扼守着兰临、兰阿两条公路，被称为“兰州锁钥”。

在国民党军胡宗南部败逃陕南、陇南、川北以后，蒋介石把指挥西北反革命力量的大权交给了“青马”马步芳，并策划了利用少数民族反对人民解放军的政治阴谋，用欺骗手段煽动狭隘的民族情绪，极力向各族群众灌输仇恨、丑化共产党、解放军的思想，妄想把它作为抵抗解放大军的第二道防线。当时，兰州人口不足20万人，“青马”竟派5万人的部队驻守，其目的是引诱第1野战军在兰州决战。马步芳参加国民党政府召集的西北联防会议后，于8月19日从广州乘飞机匆匆赶回兰州，亲自部署兵力，命“马家军”秦陇兵团主力第82军的第190、248、100等精锐师分守沈家岭、营盘岭、马架山三大阵地，第129军分别防守东岗镇、七里河地区，保障兰州东西两翼，国民党西北军政长官公署及“马家军”骑兵第8旅等部位于黄河北岸，与靖远“宁马”部的第81军衔接。

为了阻止第1野战军由兰州以东渡过黄河迂回到兰州，马步芳还急调驻新疆的“马家军”驰援策应，任命他的儿子、秦陇兵团司令官马继援统一指挥兰州地区的作战。在作战前夕，马步芳还曾饬令“本署以诱敌于有利地区与之决战，凭天然障碍筑工事，严密部署，如敌来犯，决举全力一鼓而歼灭之”。并一再致电国民党中央政府，“要求空军在会战期间，逐日派强大机群参加助战”。

国民党军“宁马”集团也深感兰州战役的成败将决定自己的命运，集结主力海固兵团，摆出支援“青马”的态势，等待有利时机迂回到第1野战军侧翼出击。胡宗南更是掏出了最后的血本，调集4个军于徽县、成县、两当县及川陕公路，准备配合“青马”出兵天水，袭击第1野战军的后方。国民党反动政府为了实现其在大陆保持一块反革命基地的计划，更不惜挖肉补疮，连日向兰州空运军用物资，妄图与第1野战军决一雌雄，并用正面抗击和两翼包抄的战术，妄想一举吃掉解放军。

王学礼带领团侦察排从望远镜里看到“马家军”还在兰州南山的各

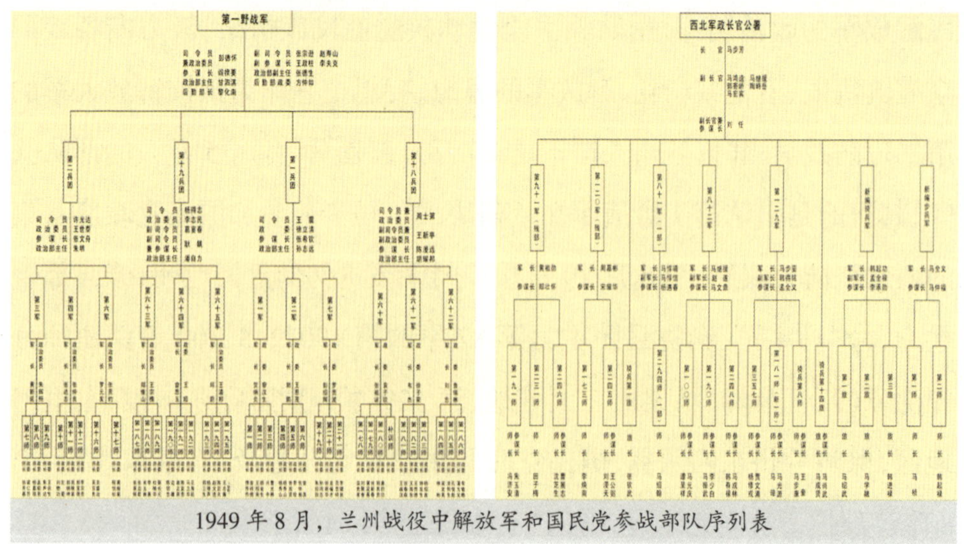

1949年8月，兰州战役中解放军和国民党参战部队序列表

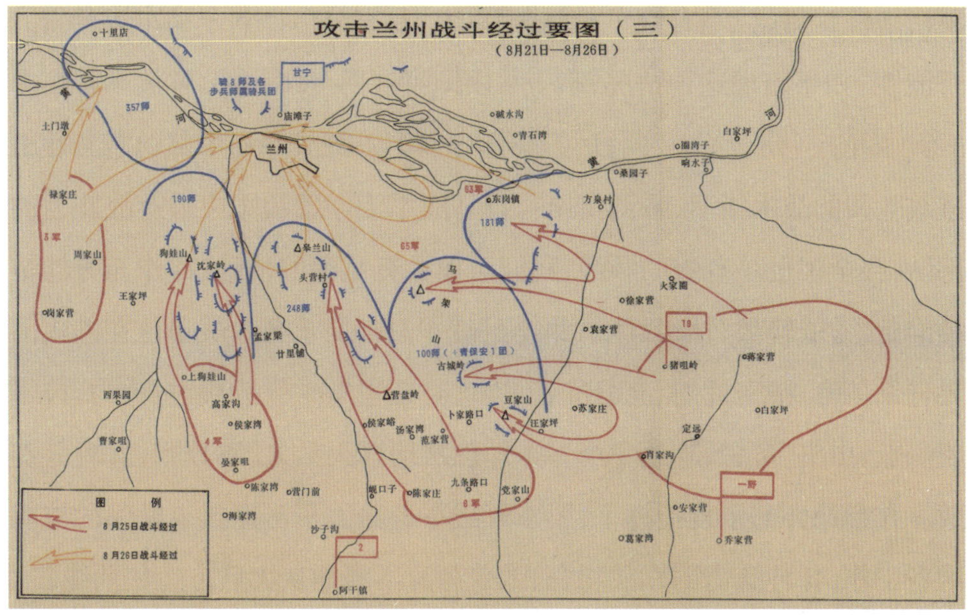

山头上加紧修筑工事，沈家岭的坡上坎下布满军用帐篷，盘山公路上各种车辆满载着作战物资，穿梭往来，烟尘弥漫。他对侦察排的战士说："敌军夹河布阵，据险防守，我军很难渡过水深浪急的黄河从四面包围敌人。还有，敌人依据坚固工事，居高临下，既有利于发挥火力，又便于组织反扑。而我们从下往上仰攻，不但沟壕难越，峭壁难攀，而且兵力不易运动和展开。看来，我们要打一场硬仗了！"

第1野战军在兰州战役打响前，向各参战部队及时通报全国的政治、军事形势和兰州战役的作战部署。彭德怀司令员于8月21日打电报给率领第1兵团从左翼迂回青海的王震指出："青马匪军现决心固守兰州，解放军左路兵团进占临夏后，可能动摇其固守决心，但可能促其不顾一切决心死守，甚至放弃西宁，撤守大通河东岸及享堂、新城、湟水北岸，保障向河西的退路，在解放军攻兰州六七天不得手时，宁马主力就可能乘机增援兰州。二马有汽车2000辆以上，要充分估计到宁马车运兰州的可能性。如果出现这种情况，第1兵团即可迂回兰州北部，解放军将集中3个兵团于兰州会战。"同日，彭德怀还以第1野战军司令部的名义发出进攻兰州的战术指示，强调指出："青马匪军为今日敌军中最有战斗力的部队，在全国也是有数的顽敌，我们对他要有足够的估计，并作充分的精神准备，力戒轻敌骄傲急性。"第1野战军总部要求各作战单位在进攻前要仔细侦察、精密计划、充分准备；进攻时必须集中优势兵力、火力、技术于一点，山头、房舍、阵地一个一个地逐次地歼灭敌人，不攻则已，攻必奏效。在彭德怀的亲自指挥下，第1野战军各路大军迅速投入紧张的战前准备工作，各种急需的作战物资、弹药源源不断地从大后方运往前线。

大敌当前，王学礼及时召集全团营、连、排干部，传达了彭德怀司令员的指示和有关精神，并要求在全团指战员中反复进行战术演练。王学礼对第31团指战员说："我们一定要做好歼灭'马家军'反冲锋的准备，组织好消灭敌人反冲锋的火力，构筑抗击反冲锋的工事；密切步炮协同，炮兵必须反复精细地侦察敌军兵力、火力的具体配备，组织良好的战场观察，千万不要盲目射击；对于敌人的外壕、陡壁的进攻要用挖对沟、改造地形来接近，用炸药来破坏。"

兰州战役发起前，第1野战军司令员彭德怀（右一）深入前线和战士们一起研究战法

沈家岭阵地，正面

是狭窄的簸箕形地带，山势险峻、易守难攻，两侧面临深谷，坡陡崖峭、无路攀登，又受东面皋兰山、西面狗牙山“马家军”的火力夹击，简直像个缩头的刺猬，人民解放军主攻部队要拿下它非常棘手。王学礼在作战前动员时向全团指战员分析道：“沈家岭是敌军3大阵地中距兰州城和黄河铁桥最近的一个阵地，是敌人防御的心脏部位，攻克沈家岭就能打破敌军整个防御体系，封锁退往黄河铁桥的道路，动摇其军心，能为解放兰州创造有利的条件……”接着，王学礼问道：“敌人称沈家岭是兰州‘锁钥’，同志们，有没有信心用我们的铁拳砸碎这个‘锁钥’啊？”指战员齐声回答：“有！有！消灭‘马家军’，解放兰州城！”

8月20日，王学礼和团以上干部及突击营营长参加第4军军部组织的查看地形、分析敌情的军事行动。驻守沈家岭的是“马家军”第190师569团，阵地由21个碉堡、3道绝壁和外壕组成，山顶核心工事与纵横交错的公路沟、明碉暗堡相连，构成三角或四边形火力网，阵地前沿布满铁丝和地雷。“马家军”驻守沈家岭的指挥部就设在主峰北侧一个10余户人家的小村庄里。第4军首长经过反复研究，认为这样的地形，兵力难以展开，不可能从几处突破，穿插分割、分块吃掉敌军，只能从正面一处强攻突破，以头对头的顶牛战，一口一口地吃掉敌人。军部下达了作战命令：11师首先攻占沈家岭，之后配合友邻部队消灭华林山之敌，再夺取黄河铁桥，切断“马家军”的退路。

第11师受领任务后，师部首长决定以32团为主攻、33团为助攻、王学礼率31团为预备队。具体战斗部署是第32、33团以漫湾山梁为左右两翼，在7门山炮、53门迫击炮的支援下向沈家岭守敌阵地发起进攻。师部要求担任攻击任务的32、33团于当日晚10时按指定攻击区域进行战壕作业,并向敌军接近,准备于21日拂晓发起攻击。

21日拂晓,参战的第1野战军各炮群开始向敌军阵地试射炮弹,掩护第11师32团向敌军接近运动,进入冲击出发地。

8时整,第1野战军开始全线攻击,经30分钟炮火准备,炮火延伸射击,第32团突击营向沈家岭守敌前沿阵地发起攻击。由于地形不熟,32团突击营进攻缓慢,攻击至距敌军100多米处,敌人居高临下以猛烈火力阻挡我军前进,解放军突击营几次冲击均未成功。当解放军炮火中断,浓烟渐渐散去时,32团突击营完全暴露在敌人的面前,当即遭到敌军火力的严重杀伤。突击营被迫停止攻击,重新部署,在隐蔽地带与敌军形成对峙。师、团指挥员估计到敌情的严重性,当即用电话命令突击营就地迫近作业,构筑简易工事,展开火力,防止敌人反扑。

12时,解放军第32团各单位组织换班吃饭,因警戒疏忽,没有做好对付敌军反扑的准备,到14时10分,当敌军大约有5个连的兵力突然反扑时,突击营仓促应战,使部队遭到很大伤亡。解放军部队遇战混乱,被迫后撤。敌军一直反扑到解放军二线部队和团指挥所漫湾附近。在这紧急关头,解放军第11师师部命令炮兵部队实施猛烈的拦阻射击。到14时50分,解放军炮兵和32团突击营才协同二线部队将反扑的敌军击退。

在8月21日的战斗中,第1野战军4军攻击部队全线出击受挫,除第10师占领上狗牙山阵地外,其他阵地均未突破。彭德怀在指挥所得知初战失利的报告后,当机立断,命令全线停止进攻,总结经验,改进战法,用3天时间做好充分准备,重新组织进攻。彭德怀指出:“部队试攻受阻,其主要原因是轻敌,次要原因是敌人工事坚固、敌人顽强。”他要求指挥员告诉部队要沉住气，总结经验教训，仔细研究“马家军”战术，扎扎实实做好准备工作，待命向敌军发动总攻。21 日的试攻虽然受挫，但查明了敌军的守备兵力、指挥系统、火力配系和工事配备，也发现了突击部队在进攻中的薄弱环节，对第二次进攻和胜利夺取兰州创造了条件。

当天下午，解放军第 11 师师长郭炳坤①和政委高维嵩②召开紧急会议。师部临时设在两孔废弃的破窑洞里，烟火熏黑的墙壁上挂满了作战地图，用土坯垒成的办公桌上架着几部电话机。参加会议的各团干部找个地方坐下来，王学礼坐在高维嵩政委身旁的土炕沿上。敌人的炮弹还带着刺耳的尖叫声在附近爆炸，震得窑洞墙壁上的尘土不住地落下来，顿时窑内的光线暗淡了下来。警卫员连忙点亮几支蜡烛，淡淡的烛光映照着每一张神情严肃的脸庞，会议的气氛显得严肃紧张。师长和政委全面分析了敌情，指出“马家军”困守孤城，势必作垂死挣扎，要求各团必须克服轻敌思想，准备打一场恶仗。

经第 1 野战军 4 军党委同意，11 师调整了战斗部署。因 32 团在 21 日的战斗中伤亡较大，战斗力已有所减弱，决定由王学礼所率 31 团担负正面主攻任务，以 1、2 营为第一梯队、3 营为第二梯队随 1、2 营后跟进，待 1、2 营突破沈家岭守敌的第二道战壕后进入战斗，协同向敌军阵地纵深发展进攻；以第 32 团2、3 营担

1949 年 8 月 21 日，解放军试攻兰州外围受挫后，总结经验

任助攻，沿沈家岭西沟，乘夜暗隐蔽地向沈家岭驻守敌西侧实施迂回攻击，待总攻开始，配合正面进攻，夺取沈家岭，1 营集结于旋帽顶为师机动部队，相机使用；第 33 团为师第二梯队，位于漫湾，待第 31 团攻入敌军纵深后，即由第 31 团右翼进入战斗；师炮兵连位于漫湾东西两侧，以集中射击摧毁沈家岭敌军的碉堡群，支援全师的步兵战斗。

会议结束时，郭炳坤师长和高维嵩政委留下王学礼，详细了解第 31 团的备战情况。两位师首长在抗日战争时期、解放战争时期都与王学礼一起战斗了多年，他们非常熟悉这位年仅 32 岁的年轻团长。王学礼少年时代就投身革命，自参加红军十几年来，转战于晋、陕、甘、宁 4 省，身经 100 多次战斗，曾 3 次负伤，积累了丰富的作战经验，成长为一位年轻的优秀指挥员。在这次兰州战役前，第 4 军军部已准备提拔王学礼升任副师长了。现在，把夺取沈家岭的主攻任务交给了第 31 团，寄托了部队首长对他和第 31 团的殷切期望。郭炳坤师长用信任的眼光看着王学礼说："要砸开沈家岭这把'锁钥'，必将有场硬仗，敌军工事坚固，必将拼死顽抗，你们要有充分的思想准备，切不可轻敌呀！"高维嵩政委接着说道："打兰州是解放大西北的关键一仗，要是打不好就会影响全盘的战略部署，你们第 31 团善于打攻坚战，这次要不惜一切代价坚决拿下沈家岭！"王学礼站起来敬了一个军礼，坚定地回答："请师首长放心，31 团保证完成任务。沈家岭就是一块铁，我们也要把它砸成粉末，用胜利的捷报迎接全国的解放。"郭师长、高政委听了王学礼斩钉截铁的回答，放心地点点头。

王学礼回到第 31 团团部，立即召集营以上干部传达了师部首长的要求，并带领团、营、连指挥员反复察看地形、分析敌情、明确各营、连的战斗任务。团党委要求各营、连认真作好战斗准备，加快针对敌人阵地进行开挖战壕的作业，把部队推进到敌人的眼皮底下，准备发起全面攻击。

21日24时，第31团接替兄弟部队进入作战地域。王学礼和段忠宪副团长带领营、连指挥员连夜抵近阵地前沿勘察地形。王学礼听到敌人阵地上传来的欢叫声，望着像坟包一样黑黝黝的山头，冷笑了几声，对身边的人说："这些狂妄之徒，你们别高兴得太早了——秋后的蚂蚱，再蹦跶不了几天了。"

在进攻沈家岭的战斗中，解放军第4军11师初战失利，"马家军"得意忘形，更加相信"兰州是不可攻破的铁城"的神话，还沉醉在狂欢之中，马继援还让人运送了大量瓜果，庆贺胜利。

在翻过一处山坡时，段忠宪副团长贴着王学礼的耳根说："团长，明天就是豁出老命也要把红旗插上沈家岭！不然，就把咱31团的脸面丢尽了！"王学礼掂量出段忠宪这句话的分量，知道攻占沈家岭将是一场残酷的攻坚战，自己和团里的同志都知道肩上的担子不轻，但拿下沈家岭是解放兰州的关键一仗，绝不能有一丝半点的马虎和畏惧。他停顿了一下，语气十分坚定地说："向全团作深入动员，把战斗口号喊得响亮些，坚决消灭'马家军'！不拿下沈家岭绝不罢休！"

狂欢的"马家军"做梦也不会想到，他们接近死亡的日子已经不远了。在他们狂欢的时候，王学礼已经带领第31团指挥员悄悄摸到离前沿阵地不足百米的地方，正借着灰蒙蒙的月色，测定进攻出发阵地，画好了工事和交通壕的位置。

"马家军"的狂欢还在继续，王学礼带领全团指战员突击构筑作战工事，并用马拉人推肩扛的办法，把配置的5门山炮移至离敌军阵地前沿

300 至 500 米处，准备以精确的抵近射击，配合步兵冲击。这时，有的炮兵干部提出，火炮离敌军太近了，炮手容易伤亡，影响战斗任务的完成。王学礼曾担任过炮兵营政委，他根据以往的作战经验，耐心地解释说："炮兵近战是我军的传统打法，山地作战，地形复杂，炮兵位置只有靠前，才能有效地支援步兵作战。"大家都同意了王学礼的意见。此前的战斗证明，"马家军"虽然顽固，却不大讲究战术，冲锋一窝蜂，山炮抵近射击正好发挥威力，能出奇制胜，只要修好炮兵工事，是不会增大伤亡的。接着，王学礼又提醒说："21 日攻击失败的教训之一，就是我军的炮兵阵地距敌人阵地 2000 米以外，造成我军步炮协同不够密切。由于炮兵阵地距离远、目标不明，因此，使用分散、命中率低，虽然发射了 200 多发炮弹，只起到了压制敌军火力的作用，并没有完成预定的摧毁敌人碉堡和工事的任务。"

试攻沈家岭受挫的经验证明，在战斗中，解放军各炮群有时候不经请示就擅自射击，浪费了不少宝贵的炮弹，没有充分发挥出炮火的威力。当炮火转移时，躲在暗堡里的敌人就钻了出来，拼命用火力拦阻，使进攻的步兵很难接近敌军的阵地，战斗持续了大半天，始终未能奏效。

王学礼对大家解释说："根据我军炮兵目前的技术水平，一般曲射炮的射击精度不超过 400 米、山炮不超过 600 米、八二炮平射以 200 米以内较有把握。我们这次作战，军部把炮兵绝大部分集中使用、实行统一指挥，这还是第一次，我们步兵非常感谢炮兵老大哥的积极支援。"随后，王学礼对炮兵部队建议："为了粉碎敌军的反扑，应专门组织炮兵群来对付敌人的反冲锋；在咱们团冲击开始时，应以曲射炮机动作战，破坏敌军后续梯队的集结，以保证我军的突击队在攻占敌人阵地后能争取到一定时间改造工事、巩固阵地，掩护二梯队及时跟进；当敌军离开阵地时，我军要以迅速而准确的炮击，重创敌军的突击队，支援步兵粉碎敌人的进攻。”

炮兵部队的同志们听取了王学礼的建议，统一了认识，确定了炮兵的攻坚方案。炮兵指挥员立即进行侦察、研究“马家军”反突击的道路，进行了必要的准备和试射，并取得了可靠的射击数据。

深夜，王学礼召开战前动员会，指战员蹲在泥泞的地上围成一圈，充分发表意见。大家小声地交谈着，气氛很热烈。突然，段忠宪发现脚旁边有一个黑乎乎的东西，用手一摸，原来是个露出地面的地雷。真危险！段忠宪连忙叫人标上记号，王学礼提醒指战员要注意排雷，减少不必要的伤亡。大家明确任务后，就分头做了准备。为了减少第 31 团突击队的伤亡和保持战斗力，解放军第 4 军军部和 11 师师部都同意王学礼在夜晚带部队构筑工事的请求。王学礼率 31 团各营、连按照作战任务，在夜幕的掩护下，迅速进入进攻出发地域。当 31 团接近到距离敌军前沿阵地 300 米轻火器有效射程以内时，敌人的明碉暗堡顿时喷射出一连串的子弹。密集清脆的枪声打破了山野的静寂，一道道曳光弹划破了幽静的夜空。王学礼命令大家立即卧倒、匍匐前进，保持肃静，缩小目标以减少伤亡，以每个人 10 至 15 米远的距离迅速分散开，构筑工事、挖掘战壕。

与此同时，解放军第 4 军 11 师有关值班部队在翼侧以猛烈的火力吸引牵制敌人，掩护 31 团争分夺秒地迫近作业。沈家岭阵地的守敌也不断施放照明弹，照得整个沈家岭如同白昼。

王学礼指挥第 31 团的指战员潜入敌军阵地前沿，抓紧时间突击抢修工事。经过5 个多小时的摸黑作业，31 团将冲击出发阵地和多道交通壕已互相沟通,连成一体,形成了一个与敌军相对峙的阵地群。

22日拂晓,王学礼带领31团全部进入工事,并与炮兵指挥员现场组织步炮协同,具体交代清楚各个战斗阶段步兵的行动、炮兵的支援方法、射击手段和协同信号。王学礼特别强调5门山炮尽量靠近敌军阵地打,要求炮兵进行直接瞄准和抵近射击,猛、准、狠地打击敌人。炮兵部队立即根据作战方案,精确测量敌军的工事战壕、明碉暗堡的方位距离,标定射击目标的准确位置, 逐炮反复检查炮弹型号和射击前的准备工作。在地处沈家岭西侧的上狗牙山阵地,解放军第4军军部也组成了一个加强炮兵群,炮管高耸、严阵以待,随时准备在总攻开始后支援第31团的战斗,严惩顽敌“马家军”。

22日黎明, 沈家岭阵地上, 敌军轻重机枪就开始向王学礼部第31团阵地进行疯狂扫射。第31团的工事被打坏了,英勇的指战员就一次次冲上去,挥舞铁锹及时抢修。阵地前沿的连队既要做好攻击前的各项准备工作,又要随时准备迎战敌人的偷袭。敌军为了摧毁31团在夜间抢修的工事,常常利用拂晓后和黄昏前,向31团阵地实施炮火轰击和步兵偷袭。在王学礼的指挥下,31团各战斗连队加强戒备、勇敢战斗,粉碎了敌军的每一次轰击和偷袭。太阳快落山了,指战员们正在工事里吃晚饭,突然,一股敌军在炮火的掩护下,从沈家岭阵地前沿冲下来偷袭。王学礼扔下饭碗迅速指挥部队反击,经过一阵冲杀,打得敌军丢盔卸甲、抱头鼠窜,很快就龟缩回去了。

23日拂晓,王学礼和第31团指战员正在坑道里休息。一股敌军又悄悄地从阵地右翼偷袭过来,被2营哨兵发现后,立即报告团指挥所。王学礼命令2营6连及时组织反击, 一排排手榴弹炸得敌人失魂落魄,狼狈逃窜，一直把他们赶下了山沟。

在反击“马家军”偷袭的同时，王学礼指挥31团指战员针锋相对地袭扰敌人，第31团里组织了精干的小分队，由得力的干部带领在夜间袭扰敌军，引诱他们打枪，借此机会侦察敌军火力点的部署和准确位置。有时候，31团的小分队摸到敌军侧面，火力袭扰敌人一阵子，还会停下来向敌军喊话：“马家军的官兵们、弟兄们，不要再替你们长官卖命了，兰州城就要解放了，快放下武器投降吧！解放军对放下武器的官兵一律宽待，保障你们的生命和财产安全，愿回家者发给路费……”解放军第31团小分队反复出击，多次的袭扰和进行政治攻势，使守敌官兵昼夜坐卧不安、疲惫不堪。

王学礼的团部指挥所设在漫湾村废弃的一个窑洞里，土坑上铺着干麦草，打开铺盖卷就是休息睡觉的地方，如果团里开会就当作会议桌。这几天战斗的间隙，王学礼习惯于盘腿坐在炕上，低头看临时绘制的沈家岭地形图，反复思考友邻部队21日攻击失利的教训，从中寻找克敌制胜的新战法。现在，面对的“马家军”是西北地区国民党军队中战斗力最强的反动武装，作战凶猛、野蛮。敌人惯用封建迷信和浓厚的宗教观念麻痹士兵，制造民族隔阂，同时，“马家军”未曾遭到过我军重创，极为狂妄嚣张，还编造了“不可战胜”的神话。

经过前几天的交战，王学礼心里琢磨着敌人的作战特点，他们纵深配备较大，各自为战的能力强，反突击的动作快，能够连续组织反扑。但是，他们也有明显的弱点，如土工作业在技术上、战术上都比较落后，沈家岭的工事尚未全部完成，大部分还是一线式的，连三角形碉堡都很少，交叉火力较弱，辅助防御物少，工事经不起炮击，而且正面山势低便于我军接近;敌军炮兵数量少,步炮协同比较差。特别是敌人惧怕我军的炮火,在几次战斗中,只要我军的炮声一响,他们就往工事里钻,但是白刃格斗作战顽强是马家军的特点之一。但几次战斗证明,他们由于老兵不断伤亡,新兵增多,成分起了变化,其每次冲锋都是受督战队逼迫,大多数士兵不敢与我军正面交锋,撤退时不能互相掩护,只顾自己逃命……

王学礼经过一番深思熟虑,头脑中渐渐形成了一套详尽的战斗方案。为了使自己的想法更加符合战场实际,他召集全团指战员们一起商讨对策。大家盘腿坐在铺着麦草的土炕上,各抒己见、互相补充。王学礼用心倾听大家的发言,认真吸取其中的真知灼见,使自己的战斗方案更加趋于成熟和完善,随后,他提出了这次山地攻坚战与以往在平原地区作战中不同的战术指导思想:在攻占沈家岭的战斗过程中,突破前沿的战斗和纵深战斗应当两相并重,而且纵深战斗要重于突破前沿的战斗。王学礼说:"我军突破敌人阵地前沿仅是战斗的开始,而不是战斗的尾声;敌军迅速连续的反冲击,会加剧战斗紧张激烈的程度。我军打退敌军第一次反扑后,敌人会很快组织多次反扑,是不会让我们稍微喘口气的。"王学礼要求各级指挥员说:"我军对纵深战斗必须要有足够的思想准备,这样才能彻底粉碎敌军的顽强抵抗,取得整个战斗的胜利。"

接着,王学礼要求全团各营、连、排、班干部在组织和指挥战斗中,应着重把握以下五个重要环节:

一是要建立强有力的预备队,要视战斗进展情况及时隐蔽跟进,突破敌军前沿阵地后,第二梯队要迅速作好战斗准备,巩固既得阵地,抓紧改筑工事,随时准备增援第一梯队,适时投入战斗,增强突击力量,打垮敌人的连续反扑。在火器配备和使用上，指定专门炮兵担任摧毁敌人第二梯队和纵深部队的任务。配属部队的六〇炮、八二迫击炮和重机枪等各种武器，必须时刻做好机动的准备，紧随部队对付敌人的密集队形，在纵深战斗中，应当轮番随突击队前进，充分发挥火力优势，对敌军实施抵近射击，大量杀伤敌人，掩护部队运动。在占领敌军的主峰阵地核心工事后，要根据各火器的特点，构筑简易的纵深梯次配备的火力发射点，以强大的交叉火力挫败敌人的反冲击，坚决守住阵地。

二是要保障弹药的及时补充，特别是炮弹和手榴弹是打退敌人反扑、争取时间、坚守阵地必不可缺的。同时，要加强射击指挥，不要让三五个人或一个班、一个排的小股敌军的反扑所迷惑，要避免盲目射击投弹，努力减少弹药的消耗。

三是主攻连队和助攻连队要密切协同，主动和左右部的兄弟团加强联系，事先拟定协同计划，在进攻时间、地点和动作上周密准备，协调一致，从敌军正面、侧面同时突然发起攻击使他们摸不清我军的主攻方向和突破点，以利于分散敌军的兵力，迅速攻克敌人阵地。

四是要坚守每一寸阵地，要集中兵力一个接一个地攻克敌军的碉堡，不要分兵四面出击，以防在狭窄地形上被敌军各个击破；要一道战壕一道战壕地巩固、发展、推进，顽强固守阵地，抓住时机修整工事，重新组织火力，以人在阵地在的决心，坚定沉着地以各种火器与短促火力打击敌人的每一次反扑，在给予敌军反扑以重大杀伤后，要掌握有力的后备力量和各种火器，在友邻部队的配合下，打击敌军的溃乱部队，争取歼其一部；派小股得力分队穿插迂回，与正面部队相配合，截断敌人的增援和后撤道路，争取在运动中达到全歼敌人的目的。

五是要利用“马家军”战术的弱点消灭敌人，当我军突破敌军前沿阵地后，敌人必然组织反扑，拼命夺回阵地，这时要有组织、有计划地采取诱敌深入的战术，在近战中消灭敌军，用短促火力给脱离阵地的敌人以歼灭性杀伤后，用手榴弹刺刀勇敢地发起反冲击，使敌军只有逃跑之念，而无还手之力。追击中，要紧紧追着敌人的屁股打，乘敌军溃退跟踪猛追狠打。要抓住战机突破并攻占敌军的第二道阵地，动摇敌人的整个防御体系。

张平山政委号召全团指战员说：“沈家岭攻坚战是我第31团从来没有经历过的一次争夺激烈的阵地攻坚战斗，对每一个指战员都将是严峻的考验。全团指战员要发扬不怕艰苦、不怕流血牺牲的革命英雄主义精神，克服轻敌麻痹思想，树立敢打必胜的信心，开展火线立功活动，党团员在战斗中发挥模范作用，严格执行命令，坚决打好这一仗，攻占沈家岭，歼灭‘马家军’，解放兰州城！”随后各营、连也召开了军事民主会，广泛听取干部战士的建议，反复摸索攻击道路，讨论阵地攻坚战的打法，并进行沙盘作业详细推演进攻部署，利用相似地形组织战术演练。

23日，王学礼又在团指挥所召开了各营营长、教导员参加的党委扩大会议。王学礼首先通报了第1野战军1兵团于8月22日占领了临夏，正向西宁挺进，坐镇兰州的“青马”得知消息后，顿时惊慌失措，深感后方空虚，西宁老巢危急，抽调其骑兵第8、14旅主力增援西宁，从而削弱了在兰州的防御力量，为第1野战军解放兰州创造了更为有利的条件。接着，王学礼指着一张标着红蓝两色箭头的敌我态势图介绍说：“沈家岭位于兰州城西南6公里处，是易守难攻的天然屏障，它南北狭长，东西两侧是陡峭的山谷，最高处修有土木结构的碉堡群，汽车可以沿着环山公路直通山顶，外围有3层环形的人工峭壁，高约3至4米，峭壁外又有3米多深的外壕，壕沿上和我军易于接近处都附有铁丝网、地雷区等防御设施，各阵地既能独立作战，又能相互支援，从而构成了火力密集、工事坚固、后备力量雄厚的环形防御阵地，如果我军拿下沈家岭，就像一把钢刀插进敌人的咽喉，即可挥师直插城区的西关、控制黄河铁桥、截断敌军的唯一退路。”张平山政委站起来接过话头说：“我军夺取了沈家岭，就等于掌握了打开兰州大门的‘钥匙’，团党委号召广大指战员发扬英勇顽强、不怕流血牺牲的革命精神，一举歼灭沈家岭守敌。”

午后，乌云密布，雷声在沈家岭上空滚过，天空突然下起了滂沱大雨。王学礼率第31团指战员冒雨坚守在战壕里，雨水淋透了单薄的军衣，一阵凉风吹过，送来了西北高原的寒意。但全团上下斗志昂扬，求战情绪十分高涨，纷纷要求当尖兵、打头阵，为攻下沈家岭冲锋陷阵。

几天来，王学礼日夜奔走在各营、连指挥战斗，检查战前准备情况。开完团党委会后，他吃了几个洋芋蛋，就冒雨蹚着泥泞的小路来到担任团第一梯队的第2营，叮嘱指战员说：“这次攻坚战斗，无论是进攻还是防御，都要随时准备好刺刀、手榴弹，敢于与敌人白刃搏斗，血战到底。”一位小战士从潮湿的战壕里挤了过来，抹了一把脸上的泥水，眨了几下布满血丝的大眼睛说：“团长，打进了兰州城，就能尝尝兰州的白兰瓜了。”王学礼抚摸着小战士的头，说：“好好杀敌，张军长答应过我了，歼灭了沈家岭的敌人，张军长请大家在兰州城吃白兰瓜。”小战士看着王学礼，满意地点了点头。

第1野战军与“马家军”在兰州决战，兰州外围一下子聚集了数万人。尽管成千上万的民工，日夜不停地抢运粮食弹药，但仍然不能保证第一野战军指战员的供给。面临着饥饿严峻考验的指战员就用洋芋蛋、玉米棒充饥，常常喝雨水解渴。王学礼与全团指战员同甘共苦，还把自己节约下来的几块饼子都分给了伤病员吃。团部炊事员好不容易找了玉米熬了一小锅糊糊，几位团首长刚端起饭碗就接到报告，“马家军”的两个连从山岭上反扑下来了，王学礼立即撂下饭碗，迅速组织部队反击。连续几天艰苦的战壕生活，王学礼和指战员们一起蜷伏在阴冷的避弹坑内，互相依偎取暖。担任警戒的战士爬在满是泥浆的战壕里，警惕地监视沈家岭阵地上敌人的动向……

注释：

①郭炳坤（1914—1977），陕西省蒲城县人。1932 年加入中国共产主义青年团，1933 年 1 月转为中国共产党党员。历任陕甘宁晋绥联防军警备第 3 旅政委兼三边警备司令部政治部主任、第 11 旅政委，陕甘宁晋绥联防军警备第 3 旅副政治委员兼政治部主任，警 3 旅兼陇东警备区副政委，中共三边地委书记兼军分区政委、司令员，新 11 旅兼三边军分区政委，西北野战军第 4 纵队警备第 3 旅旅长，第 1 野战军第 4 军第 11 师师长等职。1955 年被授予少将军衔。

②高维嵩（1919—1985），陕西省子长县人。1933 年入党，1934 年参加陕北红军，1934 年 11 月参加中国工农红军，历任红 26 军、红 27 军前敌委员会青年团代表，陕甘宁晋绥联防军警备第 3 旅政治部主任，师政委等职。参加了西府、瓦子街、扶眉、兰州等解放大西北的著名战役。兰州战役任第 1 野战军第 4 军第 11 师政治委员。1955 年被授予少将军衔。

第十四章　鏖战锁钥

兰州战役前后的十几天内，彭德怀几乎每天都向中央军委和毛泽东报告前线情况，并多次得到毛泽东的指示。

8 月 23 日，毛泽东回复彭德怀的电报，并进一步指示，马步芳既决心守兰州，有利于我军歼灭该敌。为歼灭该敌起见，似须集中三个兵团全力于攻兰战役。王震兵团从上游渡河后似宜迂回于兰州后方，即切断兰州通青海及通新疆的路，并参加攻击，而主要是切断通新疆的路，务不使马步芳退至新疆为害无穷。攻击前似须有一星期或更多时间使部队消除疲劳，详细侦察敌情地形和鼓动士气，作充分的战斗准备。并须准备一次打不开而用二次三次攻击去歼灭马敌和攻占兰州。

24 日，彭德怀遵照毛泽东指示立即调整了部署，并设想了第一野战军攻打兰州可能出现的最困难的情况，回电报告毛泽东，宁马出动 3 个军经黄河左岸增援兰州的可能性很大。如两马集结兰州，加上周嘉彬、黄祖勋两部，共有 13 万兵据守坚城，我军即使集中 3 个兵团短期内亦不易攻占，同时，运输线长，运输工具少，粮食、弹药都不能得到充分接济。故决定乘马鸿逵未到前先解决青马主力。目前攻城已有七八成把握，决定在 25 日晨开始攻击。

25 日拂晓，群山未醒，兰州已是风息雨霁。攻占沈家岭，解放兰州城

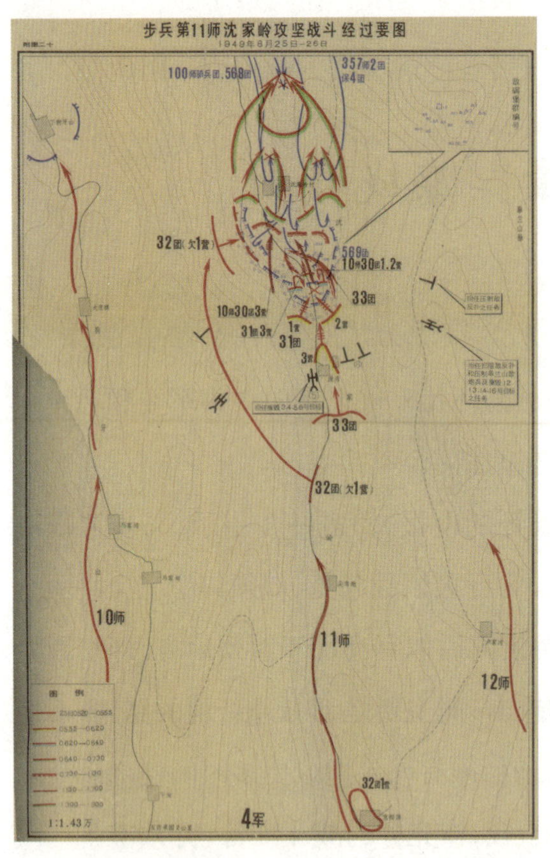

的时刻就要到了。三天三夜没有休息的王学礼，在第31团团指挥所再也睡不着了，他掏出怀表看了看，又抬头遥望东方蓝色天幕上渐渐出现的一片乳白色曙光，自言自语："天就要亮了，兰州的天就要亮了！"

激战前的沉寂最难熬。王学礼穿过交通壕，走进解放军第11师部指挥所，见师首长们也一夜未睡，便笑眯眯地对高维嵩政委说："政委，再给两包好烟吧，打沈家岭是场恶战，说不准可能要升天了。"高维嵩拍着王学礼的肩膀亲切地说："打下沈家岭你就立了大功，见马克思也是光荣的——不过，马克思嫌你太年轻，还要留着你建设社会主义呢！"这时，值班参谋走进来，递给郭炳坤师长一份敌情通报。郭炳坤阅后，递给高维嵩说："这马步芳也是个怕死鬼，我军枪声还没响，他倒先溜了。"

原来马步芳对马鸿逵、胡宗南按兵不动，让自己孤军固守兰州极为不满，8月23日派人急飞宁夏求援，24日又以十万火急电告国民党中央政府："窜洮河西岸临夏附近之共军第一军、第二军刻正向永靖、循化进犯，患在腹心，情况万急！如陕署、宁夏友军及空军再不迅速行动协歼，深恐兰州、西宁均将震动，千钧一发，迫不及待！务请火速分催，不再迟延。”当日，马步芳自兰州乘飞机仓皇逃回西宁，又于25日从西宁逃往重庆。逃离兰州时，马步芳叮嘱其儿子马继援说：“尕娃，记住了——如马鸿逵、胡宗南及空军再不来援，即保存实力，撤守青海。”

高维嵩看完敌情通报后说：“这马继援还白日做梦娶媳妇，尽想好事呢。”接着用手指敲着文件夹，对王学礼说：“王团长，今天你可要给‘马家军’一点厉害瞧瞧！”王学礼立刻行了个军礼，语气坚定地说：“请政委放心，保证完成任务！”谈笑间，高维嵩叫警卫员把仅有的两包“五台山”牌香烟拿给了王学礼。

经过紧张的临战准备，第1野战军完成了攻占兰州的一切准备工作，各部队按照野战军总部预定的作战方案，利用夜色掩护，隐蔽进入进攻阵地。攻占沈家岭的战斗，在此时已经悄悄地拉开了序幕。

解放军第11师担任沈家岭西侧助攻的32团，利用夜暗，顺着山沟向敌军阵地侧后迂回。沟窄坡滑，连一条羊肠小道都没有，指战员们手抓脚蹬，摸索前进，攀上沈家岭西侧后面的陡坡。突然，沈家岭山腰上迸发出一阵猛烈的手榴弹爆炸声，接着枪声大作，由于助攻部队32团过早地靠近敌军阵地时被发现，敌人的伏击打得32团措手不及，许多战士中弹牺牲。因地形对32团极为不利，不能在敌军阵地前沿停留，被迫提前发起了攻击，以求立足之后迅速扩大战果，遂向杨家沟附近沈家岭突击。

敌军遭解放军第32团突然打击后，急忙调集机动部队实施反击，同时又惧怕解放军主攻部队从正面进攻，即以炮火向解放军第31团进行疯狂的火力压制。这时，沈家岭阵地的敌人居高临下，密集的火力把助攻部队32团压制在山沟里，情势非常危急。英勇的32团指战员们不等指挥员下达命令，立刻沿着陡峭的山坡冲了上去，进攻到守敌阵地前沿的第一道峭壁时，架起云梯就上，梯子长度不够，就搭起人梯，指战员踩着战友的肩膀上，冲在前面的战友倒下了，后面的继续往上冲去。

25 日 5 时 20 分，解放军第 32 团突破敌军阵地前沿，进至沈家岭附近的杨家沟，因受地形限制，无法在敌军阵地前沿站稳阵脚。32 团以两个营的兵力继续进攻，战士们扔出一排排手雷弹，乘势冲击，扑向敌人纵深阵地。天色微明时，32 团占领了沈家岭山梁上的一段工事，尖刀连还将红旗插到敌军的一处碉堡上。在一个多小时的激战中，敌人多次猖狂反扑，32 团指战员浴血奋战、拼死搏斗，与守敌反复争夺阵地达十几次之多。战斗异常激烈，32 团 5 连战斗到只剩下 4 人，7 连仅幸存 1 人，特务连指导员刘玉亭赤手空拳与 4 个敌人肉搏，用双手将一个敌人活活掐死，自己也身负重伤，副团长马克忠冲到前沿指挥战斗，不幸踩响敌军埋设的地雷，光荣牺牲……第 32 团在敌军连续 7 次强力反击下伤亡很大，但指战员们前赴后继，浴血奋战，击退了敌军一次次的反扑，终因力量悬殊，无力扩大战果，遂坚守已得阵地，与敌军对峙于沈家岭侧后，牵制了敌人，支援了解放军的正面主攻，直到战斗最后胜利。

第 1 野战军指挥部得悉助攻部队第 32 团的情况后，立即命令第 10 师 29 团一部赶去增援，但因突破口被敌军火力严密封锁，切断了解放军增援部队的全部通道，第 29 团一部没能进攻上去。因为助攻部队 32 团与沈家岭守敌遭遇，被迫发起进攻是凌晨 5 时许，天还没亮，电话尚未架通，所以解放军指挥部无法辨别情况，炮火也无法支援。王学礼听见枪声，习惯地挽起袖子，焦急地等待着，他清醒地知道，由于战斗提前打响，引起了敌人的警觉，给第 31 团正面进攻必将增加困难。

5时55分，解放军阵地的山炮开始对敌军阵地的固定目标实施摧毁性射击。隆隆的炮声划破黎明前的寂静，震撼着沉睡的山峦。

6时整，三发红色信号弹腾空而起，第1野战军2、19兵团发起了兰州战役的全线总攻。沈家岭阵地山头上到处升起蘑菇云似的火焰，震得大地微微颤抖，解放军的炮火以绝对优势压住了敌军的火力。之后，解放军炮兵延伸射击，工兵分队在步兵的掩护下，立即在敌军阵地前沿实施爆破，为步兵的冲锋开辟道路。随着一连串的爆破声，工兵成功地炸开敌军阵地的外壕，打开了一个突破口。

在漫天的硝烟中，解放军嘹亮雄壮的冲锋号吹响了。担任沈家岭主攻任务的解放军第31团1、2营的指战员们在王学礼的指挥下，冒着敌人的炮火，迅速跃出战壕，发起猛烈的冲锋。敌人阵地上的十几挺轻重机枪从残存的工事里疯狂地喷吐着火舌，组成一道道密集的火网，31团冲锋的指战员一个又一个中弹倒下了，鲜血染红了黄土地。但英勇的31团1、2营突击队员迎着枪林弹雨，时而低身跃进，时而匍匐向前，手擎红旗的尖刀排动作迅速，仅用十几分钟就架设好云梯，越过外壕，登上断崖，突破第一道防线，把红旗插上敌人的阵地。当解放军后续部队冲到离敌军阵地前十几米时，解放军31团2营营长、副教导员都不幸身负重伤，部队突然失去指挥，在通过外壕架设成功的唯一一架云梯时，出现了拥挤现象，前进速度慢了下来，解放军突击队的伤亡在不断增加，突破口正在逐渐缩小。在这紧急关头，王学礼立即命令教导员田有胜代理2营营长，并指挥部队拼命投掷手榴弹，组织火力发起冲击，与敌军殊死搏斗。面对数十倍“马家军”的围攻，田有胜冲到部队的最前头，挥臂高喊：“同志们，为营长报仇，跟我冲……”他带领部队迅速通过云梯，把成束的手榴弹、手雷和炸药包投向敌军，炸得敌人四散逃命。

与此同时，在解放军第 31 团左侧进攻的 1 营 1 连在冲锋时，沈家岭西侧敌人的一个机枪暗堡中突然射出雨点般的子弹，指战员一个个倒下去，十多名干部、战士伤亡，两个前去爆破的战士也倒在血泊中。1 连连长李应邦一个箭步冲上去，从牺牲的战友手中拿过炸药包，向敌军暗堡冲去。李应邦的腰部和腿部连负重伤，他强忍伤痛用力投掷出了一颗手榴弹，乘着爆炸的硝烟向暗堡滚去，奋力一扑，用身体堵住了敌军暗堡的枪眼，战士们一跃而起冲上去炸毁了暗堡。李应邦这个年仅 27 岁、立过大小 11 次战功的共产党员，用自己的鲜血和生命为主攻部队开辟了前进的道路。

在王学礼的指挥下，第 31 团突击部队的勇士们抱着"誓死拿下沈家岭"的坚定信念，连续发起冲击，奋勇杀敌，在敌军密集的炮火中前进。解放军炮兵及时配合步兵的进攻，对沈家岭守敌的纵深集结地和通道实施轰击，使"马家军"预备队来不及组织反扑，为 31 团突击进攻赢得了宝贵时间。

沈家岭的第一道战壕，像一条长蛇蜿蜒横卧在沈家岭中部的人工绝壁上。当解放军 31 团突击部队几次冲击越过外壕时，却被守敌暗堡里的重机枪火力封锁了前进的道路，压得从正面冲击的指战员抬不起头。在这千钧一发的时刻，从敌人暗堡火力点的侧面闪出一个人，猫着腰左躲右闪冲到暗堡前，端着刺刀对准射击口狠狠地刺进去，敌人的重机枪顿时哑了，解放军突击营指战员乘机冲上去炸毁了这个火力点。当时，谁也不知道这位英雄叫什么名字，直到第二天打扫战场时，战友们才从他血肉模糊的尸体上找出仅剩下的半片"中国人民解放军"的胸牌，胸牌背面还留着“4 军11 师 31 团排长”几个字……

太阳刚刚露出头，王学礼指挥第 31 团 1、2 营又迅速突进了第二道战壕，占领了敌人的纵深工事，并不断扩大和巩固突破口，向敌军阵地左翼发起了猛烈的攻击。敌人见阵地左翼遭到猛烈攻击，留下两个连的兵力压制沈家岭西后侧的解放军助攻部队，集中一个多营的兵力向主攻左翼的 31 团 1、2 营猖狂反扑。王学礼指挥 31 团指战员突击营依托已经占领的敌军工事，用步枪、冲锋枪、轻机枪组成火力网向敌军反突击。由于 31 团 1、2 营攻占敌军阵地立足未稳，加之弹药不足，重火器没有及时跟进，因而火力明显减弱，敌人则乘机集中兵力攻击突击营插上红旗的阵地。第 31 团 1、2 营被迫后撤二十几米，再次组织冲锋和敌军拼杀，反复争夺每一寸阵地，战斗进入了胶着状态。王学礼立刻命令炮火实施拦阻射击，千百发炮弹犹如疾雷闪电，狂风骤雨般地倾泻在敌人的纵深阵地上。这时，担任突击任务的 1、2 营已减员过多，但敌军的反扑还是一次更比一次猛烈。王学礼命令团预备队第 3 营迅速到达指定位置投入战斗，协同 1、2 营再次发起冲锋。3 营受命出击，一阵猛烈的射击、投弹，打得敌人死的死，伤的伤，抱头鼠窜，阵地前又留下了敌人的几十具尸体。

在激烈的战斗中，通讯联络主要依靠电话，但战场态势变化大，敌我时进时退，第 31 团突击营通讯联络时断时续，难以给解放军炮兵适时提供准确的射击目标。王学礼发现突击营的红旗插向哪儿，敌人就涌向哪儿。他当即指挥突击营发现哪里有敌军的火力点就摆动旗帜为炮兵及时指示目标，并请炮兵群指挥所以突击部队的红旗指向为坐标，用炮火拦击敌人后继梯队的增援。解放军炮兵群根据王学礼的请求，及时调整炮火射击目标，给予 31 团突击营步兵以强有力的支援。

王学礼在指挥战斗

在解放军第 11 师指挥部，直通沈家岭主攻部队 31 团前方指挥所的专用电话机前，值班参谋紧握话筒，贴近耳朵，集中精力排除各种杂音，时刻将战斗情况不断地报告给守候在电话机旁边的郭炳坤师长和高维嵩政委。

6 时 05 分，第 31 团突击营突破敌军前沿阵地，占领 3 号碉堡。

6 时 20 分，突击营扫清敌军的第一道防线的 1、2 号碉堡。

6 时 40 分，突击营又攻占敌军的 4、15 号碉堡和第二道堑壕。

7 时 30 分，郭炳坤、高维嵩站在师指挥部的作战沙盘前，命令第 33 团从右翼加入战斗。33 团与王学礼所率 31 团密切配合，又攻占了敌军的 5、6、7、11、12、13 号碉堡和主阵地上的 17 号碉堡。“马家军”残部向沈家岭主峰阵地以北逃跑。王学礼率 31 团控制沈家岭高地后，连续作战，向沈家岭高地以北发起进攻。

8 时 20 分，敌人增援部队第 100 师骑兵团到达集结地，开始对王学礼率领的第 31 团猛烈反扑。郭炳坤师长立刻接过通向解放军炮群的电话机，命令炮兵向沈家岭守敌的增援部队开炮。前来增援的“马家军”骑兵淹没在火海之中，一个个人仰马翻。

8时40分,在解放军步炮的密切协同配合下,王学礼率部打退敌军的两次冲击后,敌人接着又第三次反扑,分几路以扇面式密集队形,一窝蜂似的向31团占领的阵地冲上来。段忠宪副团长见情况危急,不顾警卫员的阻拦,带领指战员发起反击,他跃出战壕就遭到敌军机枪的射击,身中8弹负3处重伤。当战友把他背回团指挥所时,由于大量失血,面色异常苍白。王学礼噙着泪水,立即指示医务人员送段忠宪到后方医院抢救。

解放军攻击沈家岭的战斗,越打越激烈,连续的冲锋使第31团部分战士手榴弹、子弹又要打光了。王学礼冲向阵地前沿,把新运送到的4挺重机枪部署在隐蔽位置,叮嘱机枪手沉住气,诱敌人反扑到阵地前沿再打。当敌军反扑到离31团阵地只有二十几米时,王学礼下令重机枪突然开火,打得敌人措手不及,并乘敌军动摇混乱时,指挥31团抓住有利战机,勇敢反击,用手榴弹、刺刀与敌人展开了肉搏战,又一次打退了敌人的反扑,不仅夺回了失去的阵地,还突进敌军阵地一百多米,活捉了几个俘虏。

此时,解放军第33团也在31团的右侧发起了冲锋,敌人抵挡不住凌厉的攻势,被迫步步后退。

王学礼正指挥部队连续向敌军的核心阵地发起攻击时,遭到对方躲在一个凸出地堡里的疯狂射击,31团进攻受阻。在这紧急关头,王学礼突然看到1营3连3排一个19岁年轻战士(战后荣立一等功)抱着20公斤重的炸药包,在战友火力的掩护下冲了上去,把地堡炸开了一个大洞,紧接着他又扔出两颗手榴弹,扫除了前进的障碍。王学礼指挥全团冲了上去,突破了敌军的第三道堑壕,冲进了敌军的核心阵地。机炮连3排的战士们也扛着重机枪向核心阵地冲锋,突然迎面扑来50多个敌人,第

3 排战士来不及选择阵地，就地架起机枪猛烈扫射，一连打退敌人三次反扑。之后，敌人又集中 300 多人冲上来，这时，3 排只剩下排长张生禄的一挺机枪还能打响。张生禄也受伤了，6 班班长白生文立即接过张生禄的重机枪，朝敌军扫射，不幸又负伤了，副班长金鼎山又接过白生文手里的重机枪朝敌人扫射。金鼎山中弹牺牲了，机炮连指导员赵占国又接过发烫的重机枪继续向敌人扫射，机炮连指战员前仆后继，连续打退了敌人的十多次反扑，始终坚守着阵地，一直等到解放军增援部队到来。

王学礼率第 31 团经过浴血奋战，全部占领了沈家岭阵地的核心工事，迫使敌军退守到沈家岭主峰北侧的小高地上。

红旗在沈家岭主峰阵地上迎风飘扬，王学礼和警卫员到前沿阵地进入了敌军的主碉堡，看到他们切好的西瓜、白兰瓜还没来得及吃完，电台、电话机和机枪都没有来得及撤走。碉堡外面不足两平方公里的葫芦形阵地上，到处是敌人的尸体。交战双方经过激烈的拉锯式争夺战后，解放军第31 团指战员大部分伤亡，剩下不到 300 人，坚守着宽约 300 多米的扇面阵地，更严重的是 31 团弹药不多了，有的战士仅剩下两颗手榴弹了。王学礼对指战员们说："弹药没有送上来，敌人冲上来就是拿刺刀拼杀，也要坚决顶住敌军的反击，绝不能后退一步。"指战员响亮地回答："用刺刀拼、拳头打、牙齿咬，也要坚

11 师 31 团将红旗插上沈家岭

决守住阵地！”幸存的指战员立即利用战斗间隙，从敌人的碉堡、战壕里搜集食品、弹药补充自己。王学礼在火线又进行战斗动员，向全团指战员提出“人在阵地在，坚持到最后就是胜利”的战斗口号，并组织团机关能参战的人员全部投入战斗，抽调后方人员进入第一线，打乱编制，临时组织战斗小组，重新组织火力，形成一个个坚强的战斗堡垒。

此时，第1野战军4军军部、11师师部都多次打来电话询问战况。每次，王学礼都坚定地说：“请首长放心，只要还有一个人，沈家岭就在我们手中。”在残酷的攻坚战中，王学礼和31团的指战员们不叫苦、不请求支援，用刚铁般的决心和顽强的毅力坚守阵地，为师部预备队适时投入战斗赢得了宝贵的时间。

为了减轻第31团的压力，第1野战军第4军首长命令10师的28、29团向沈家岭左翼的狗牙山展开猛攻，并组织了军直、师直所有干部和勤杂人员向31团阵地前沿运送弹药。与此同时，敌军也用汽车运来大批后备部队，驰援沈家岭的兵力总计有1万多人，整营整团的敌人轮番向沈家岭发起反扑。“马家军”为了让士兵为其卖命，大肆进行反动的宗教迷信活动，在进攻前，组织进行以土代水的“洗礼”仪式。敌人在念经祷告、歃血盟誓后，借着炮火的掩护，拉成散兵线发起冲锋。在督战队的驱赶下，他们赤裸上身、腰系手榴弹、举着马刀，高呼“天门开了”，潮水般涌向解放军31团阵地。王学礼沉着冷静地指挥全团占领有利地形，一次又一次地击溃了敌军的反扑。溃退下去的“马家军”又被督战队用大刀、手枪硬逼着回过头，再次反扑上来。王学礼端起了一挺机枪，狠狠地向敌群扫射，敌人一个个抱着脑袋、蜷曲着身子滚了回去。

硝烟滚滚，火光闪闪，弹片横飞。王学礼冷静地判断敌情、果断地组织部队反击，31 团的指战员击退了敌军的十几次进攻，把沈家岭主峰阵地牢牢掌握在手中。在敌人的连续反扑中，战斗异常残酷，险恶的情况接连发生，指挥战斗的王学礼发现险情后和指战员一起立即端起刺刀投入战斗。工事被炮弹炸塌了，被埋在土里的解放军指战员迅速钻出来，立即修好掩体，继续战斗。经过一次次激烈的战斗，31 团重机枪大部分发生故障，炮弹也打光了，机炮手和敌军对峙在 20 多米处，就用自卫手雷阻击敌人；步枪手所剩无几了，机炮分队的干部、战士、通信员和司号员就操起步枪，临时组成战斗小分队，英勇顽强地和敌人展开白刃格斗。在殊死搏斗中，指战员有的腿部被刺伤，鲜血直流，还在坚持战斗；有的被砍断了一只胳膊，就用另一只手拼杀；有的枪支损坏了就用手掐住敌人的脖子倒在血泊中……

英雄的团队，无畏的战士，一个钢铁般的战斗集体！第 31 团在王学礼的带领下顽强战斗，连、排指挥员牺牲了，班长主动站出来代理指挥；班长牺牲了，战士自动站出来带领着冲锋。有的班、排伤亡较大，战士们主动加入其他班、排的序列参加战斗。4 连有个不满 17 岁的司号员孙明忠，是全团有名的“小鬼”，军上衣的衣襟耷拉在膝盖上，腰里插满了手榴弹，紧跟连长战斗着。在激烈的争夺战中，当连、排干部全部伤亡，全连仅剩十几人时，孙明忠挺身而出，果断地举起连长的驳壳枪和指挥旗继续指挥战斗，带头冲进敌军阵地，把反扑的敌人消灭在阵地前沿。孙明忠还冒着敌军的火力封锁，机智地冲入被摧毁的碉堡内，数次背回 7 箱手榴弹、3 箱八二迫击炮炮弹，补充了部队的弹药。在孙明忠的指挥下，4 连先后打退了敌人的 5 次反扑，坚守和巩固了连队的阵地，直到战斗胜利结束。

9 时后，敌军继续调集大批兵力，向沈家岭主峰阵地疯狂反扑。此时，担任主攻的解放军 31 团和助攻的 33 团在敌军优势兵力的反扑下，伤亡很大，突击力量有所减弱。第 4 军首长从望远镜里看见仗打得很残酷，正准备调机动部队上去增援，10 师师长刘懋功站在沈家岭西侧的狗牙山上，也用望远镜看到这一危急情况，立即打电话向副军长兼参谋长高锦纯请战，主动提出将待命的第 10 师 30 团拉上去。解放军 30 团是第 1 野战军准备随第 3 军迂回到兰州城区的西关时才投入战斗的兵力，但沈家岭如此重要的阵地出现了险情，军部同意刘懋功的请求，军政委张仲良[①]当即命令第 10 师 30 团火速增援沈家岭的战斗，29 团一部从沈家岭西侧进行支援，同时命令第 10 师对狗牙山的敌军展开牵制性攻击，保证第 11 师的侧翼安全。第 30 团曾在扶眉战役中荣获第 1 野战军授予的"能攻能守"的光荣称号，受到彭德怀司令员的表扬，接到命令后立即出击，副团长李友益率领第 3 营为第一梯队先头增援，团长武志升[②]带后续梯队的两个营随后赶到。

13 时许，敌军在连续反扑后，突然停止了进攻，正在调动工兵部队前来增援，阵地上沉寂了约 30 分钟。此时，高维嵩政委给王学礼打来电话："31 团打得好！再坚持一下，10 师的 30 团增援上来了。"王学礼说声："好！"回头一看，第 30 团的先头部队正跑步登上山岭，从 31 团侧翼投入了战斗。第 30 团 3 营在紧急情况下适时投入战斗，立即增强了 31 团的攻击力量，迅速改变了与敌军的力量对比。王学礼率部和增援部队紧密配合，接着又打退了敌军的一次集团式反扑。

在战斗中，第 30 团迫击炮连副连长吴文华，扛着一门八二炮冲在前面，为了跟随突击的步兵前进，他丢下炮架炮盘，用双手代替，双腿夹住炮身向“马家军”轰击，炮筒发烫时他脱下衣服裹住，光着膀子发射炮弹。吴文华凭着过硬的眼功和手功，发挥抵近射击的技能，在百米左右发射杀敌，一个人一门炮，摧毁了敌人十几个机枪发射点，几次打散了敌军的冲锋队。王学礼也率部英勇冲击，第 31 团 8 连 2 排的排长牺牲了，4 班班长傅永红指挥全排连续打退了敌人的三次反扑后英勇牺牲；5 班副班长杨贵林喊道：“同志们，报仇啊！”在杨贵林的指挥下，连续打退了敌人两次疯狂反扑，杨贵林身负重伤；战士陈国兵又挺身而出指挥全排战斗；陈国兵也负伤了，在罗局镇战斗中俘虏过来的“解放战士”田有福自动指挥仅存的 6 个战士，把敌人赶下了阵地前沿……

王学礼走出战壕，站在沈家岭主峰阵地北面的山坡上，把手上缴获的马刀往地上一插，回头看到武志升团长就高兴地喊：“老武哥，你们上来得正是时候，我们团还有 120 多人，你指挥吧，保证完成任务！”武志升团长说王学礼熟悉情况，硬是要王学礼指挥战斗。王学礼说：“好，我们一起指挥。”他让警卫员解下水壶，摇了摇，递给武团长说：“老武哥，还有点‘酒’，乘敌人还没有发起冲锋，咱们喝几口再迎接新一轮恶战。”

随后，王学礼拉着武志升一边察看地形，一边介绍敌情。这时，敌人大约 1 个团的兵力又一次进行疯狂反扑，当即遭到 30 团和 31 团指战员的迎头痛击，丢掉数百具尸体，连滚带爬地溃退下去。之后，敌军改变了密集冲锋的战术，以三五人组成一个战斗小组，沿着蛇形交通壕逐步逼近，并连续投掷炸弹，企图驱逐 31 团和 30 团的指战员脱离阵地。狡猾的“马家军”惧怕解放军的炮火杀伤，利用工事做掩护，隐蔽在炮火的死角上。王学礼见此情况，灵活指挥部队暂时隐蔽，以减少不必要的伤亡，命令各连队以投弹能手组成二至三人的投弹组向敌军反投弹。解放军密集的手榴弹在敌军中轰炸，进攻的敌人节节败退了。王学礼和武志升指挥部队正在突击挖横壕，继续加强对敌军反冲锋准备的时候，师部指挥所组织的一支支火线运输队，穿过敌军炮火封锁线，源源不断地将弹药运到阵地上。接着，王学礼和武志升共同指挥部队又打退了敌人连续7次的反扑，大量地消灭了敌人的有生力量。

17时许，敌军兵竭力尽，士气低落，已无力进行大规模的集团反扑，只能拼凑残兵败将进行垂死挣扎了。

太阳钻入了云层，晚霞染红了天际。王学礼望着沈家岭上飘扬的红旗，脸上流露出胜利的喜悦。面临死亡的“马家军”孤注一掷，又纠集了残余兵力，进行最后一次反扑时，第1野战军4军前方阵地上的大炮、机枪、步枪一齐开火，敌军的炮火也从黄河北面的白塔山和沈家岭东面的皋兰山炮兵阵地向沈家岭射击，枪炮声混成一片，震耳欲聋。王学礼兴奋地拍着武志升的肩膀说：“老武哥，我们先大量杀伤敌军，然后再来个反冲锋，把敌人赶下山岭。”武志升团长完全赞同王学礼的打法，两人共同指挥部队继续战斗。

敌人沿沈家岭主峰阵地的山坡溃退了，就在这即将胜利的最后时刻，突然，敌军的一颗炮弹在王学礼的身边爆炸，一块巴掌大的弹片穿透了他的左腰部……

警卫员扑向王学礼失声痛哭，王学礼费力地说：“快……快叫政委来！”团政委张平山及时赶到，把王学礼紧紧抱在怀里，呼唤着他的名字时，王学礼的手已经凉了，但心脏还在微微跳动……当高维嵩政委闻讯从师部指挥所急速赶来时，王学礼已经停止了呼吸，鲜血染红了他脚下的土地。

王学礼牺牲在解放军攻占沈家岭的最后时刻。

沈家岭阵地上的解放军指战员悲痛万分，高呼“为王团长报仇”的口号，举起手中武器，向逃窜的“马家军”倾泻出复仇的子弹。遭到致命打击的残敌顺着沈家岭北坡连滚带爬地败下阵去，漫山遍野都是敌军的尸体和丢弃的枪支弹药……

19时，第1野战军第4军完全攻占了沈家岭。同时，防守兰州的“马家军”右翼防线也被我军突破，兰州“锁钥”已经被打开。

在第1野战军的沉重打击下，据守兰州城郊的“马家军”主力阵地相继失守，伤亡惨重。在兰州城中没有预备队的“马家军”，等待“宁马”、胡宗南部和国民党空军的来援也无望了，“青马” 对坚守兰州失去信心，又深恐第1野战军向西宁乘虚而入，剿其老巢，断其退路，于是慌张地撤出兰州，退至黄河北岸，妄想重新部署部队防守。但国民党西北军政长官公署和“马家军”开始向黄河北岸开始撤退就陷入了一片混乱之中。

当天夜晚，第1野战军第3军7师配合第4军攻占了狗牙山。当接近敌军前沿阵地时，第1野战军第2兵团先遣部队活捉了敌人的两个逃兵，从他们口中得知，敌军已败退下山了，正向兰州城涌去，企图通过黄河铁桥西逃他们的老巢——青海。解放军第2兵团先遣部队查明敌情后，第7师立即发起追击，沿公路直捣兰州城的西关，首先攻入城内，又迅速向黄河铁桥猛扑，消灭了负隅顽抗的敌人，并夺取了黄河铁桥，截断了敌军的唯一退路。敌军指挥官完全不顾士兵的死活，强令部队泅渡黄河，使数千“马家军”被波涛汹涌的黄河吞没，葬身鱼腹。侥幸漏网的下级军官和士兵纷纷携带枪支马匹，在逃往西宁的途中溃散，窜回青海的已是寥寥无几了。第1野战军各路大军发觉敌军在纷纷溃退逃跑，迅速进

第1野战军通过兰州黄河铁桥继续西进，追歼国民党马步芳残部

入兰州城里，展开激烈的巷战，彻底消灭了撤出南山的“马家军”主力。

26日12时，第1野战军已全部占领兰州城内外各据点，肃清了全部的“马家军”，并越过黄河铁桥，占领了白塔山，兰州宣告解放。

在兰州战役中，“青马”主力全部覆没，第1野战军歼灭国民党“马家军”2.7万多人。“宁马”主力害怕被歼，急忙逃回宁夏中宁、中卫老巢。胡宗南部出兵宝鸡、陇南佯作支援“青马”姿态，但遭到第1野战军第18兵团的侧击，也大败而逃。

27日，第1野战军在兰州城司令部驻地举行了团以上干部庆祝大会。第1野战军司令员彭德怀、西北军区司令员贺龙、政委习仲勋等许多首长都到会讲话，热烈庆祝兰州战役的伟大胜利。彭德怀激动地介绍了沈家岭争夺战的战况，表扬了参加沈家岭攻坚战的第4军和参加兰州战役的全体指战员，并号召全体将士说：“解放兰州是我们第1野战军的又一次伟大胜利！要解放大西北，解放全中国，要完全取得胜利，第1野战军必须准备继续战斗！”

30日，秋高气爽，红旗飘扬，第1野战军举行了隆重的入城仪式。解放了的兰州人民张灯结彩，载歌载舞，热烈欢庆解放。在秧歌队的引导下，第1野战军指战员驾驶着坦克，骡马拉着大炮，雄赳赳、气昂昂地开

1949年8月30日，兰州人民喜迎解放军入城

进兰州市区。

对于沈家岭攻坚战,《中国人民解放军步兵第11师军战史》中记载:

26日1时，我师奉命集结于沈家岭北坡，因伤亡严重（有战斗力者不足千人，31团仅有120人，32团数十人，33团300余人）即转为军预备队，随军向华林山、满城攻击前进，又歼残匪一部。12时，城内敌人被全部肃清，兰州宣告解放，战役胜利结束。

此役，我师与敌鏖战14个小时，打退了敌人排、连、营大小反扑30余次，攻占了沈家岭，歼敌3327人，（其中毙伤敌2800余人，俘敌527人）。然而，我也付出了巨大代价，30团政委李锡贵、31团团长王学礼、32团副团长马克忠等以下539人英勇牺牲，1376人负伤，为兰州战役的胜利作出了重要贡献。彭总称赞“打开兰州锁钥4军再立新功”。《群众日报》以“4军健儿再建奇功”进行表扬。野战军授予31团为“英雄团”称号，并赠予题为“勇猛顽强”的锦旗一面。

在兰州战役中,第1野战军参战部队付出了很大的代价,共有13名团以上干部负伤,其中在沈家岭攻坚战中受伤的有8人;兰州战役中牺牲的团以上干部3人,全部都牺牲在夺取沈家岭的战斗中。

王学礼倒下了，为了人民的解放事业奋战了一生，为兰州的解放，浴血奋战，流尽了最后一滴热血。

注释：

①张仲良（1907—1983），陕西耀县人。大革命时期参加当地农民运动。1931 年 2 月加入中国共产党。先后担任耀县特支书记，县委书记，游击大队政治委员，红 26 军团政委，关中军分区司令员，四纵政治委员等职。先后参加了瓦子街、西府、扶眉、兰州战役。兰州战役任第 1 野战军第 2 兵团第 4 军政治委员。中华人民共和国成立后任青海省委书记，甘肃省委第一书记等职。

②武志升（1910—1979），横山县石窑沟人，1935 年参加革命，同年加入中国共产党，历任郝卫队队长、游击队长、支队党支部书记，边区保安司令部独立营连长、营长，保安县（今志丹县）大队长，关中分区青年独立营营长，边区警备 3 团副团长，关中分区南线指挥部指挥，西北野战军第 4 纵 30 团团长，第 1 野战军 11 师副师长，中国人民解放军 55 师师长，青海省军区副司令员等职。先后参加陕北苏区、保卫边区、保卫延安、攻打榆林、瓦子街、渭北、西府、扶眉、兰州战役和甘南剿匪战斗。在兰州战役中任第 1 野战军第 4 军第 10 师第 30 团团长。1955 年授予大校军衔。

第十五章　大爱情深

兰州战役，特别是沈家岭攻坚战斗，在当年参战的指战员和兰州人民心中烙下了深刻的印记。在兰州解放后的几十年里老革命、老首长纷纷撰文回忆。由王震作序，兰州部队党史资料征集委员会办公室和甘肃人民出版社革命回忆录编辑室共同编写的革命回忆录《兰州战役》一书，收集了当年参战的杨得志、张达志、阎揆要、高锦纯、刘懋功等首长的回忆文章。当年参加沈家岭战斗的解放军第31团1营2连副连长何志瑛等人也多次撰写文章，回忆王学礼团长的英雄事迹。

曾任第1野战军2兵团4军军长的张达志，在中共陕北特委和红27军期间曾是王学礼的领导。在革命和战斗的岁月里，他们结下了深厚的革命友谊。全国解放后，张达志首长撰文深情地回忆道：

> 我与王学礼烈士是很熟悉的。那已经是半个世纪以前的事情了，至今回想起来，仍然历历在目，终生难忘。当时，陕甘宁边区是我党与红军开辟的一块重要的革命根据地。王学礼在家乡神木县进行党的地下工作，参加了红军游击队第3支队。由于工作积极，作战勇敢，忠于人民革命事业，于1934年底，被我党组织选派到陕北特委党团员学习班深造。在学习期间，时逢红27军成立，正急需一批党团骨干担任红

军的领导工作，我作为党的特派员到红27军84师任政委，同时带王学礼等党团员加入红军，王学礼任84师1团少年先锋连第一任指导员。从此，他小小年纪就跟着共产党南征北战，屡建战功。抗日战争初期，我在120师警备6团任政委，王学礼任政治处主任，随同部队创建了晋西北抗日根据地。不久，王学礼又回到延安抗大学习，然后分配到留守兵团工作。我们一起战斗生活了三四年，彼此间结下了深厚的感情，由于革命需要，就暂时分手了。

1949年8月下旬，解放战争已经进入了最后阶段，我到第一野战军2兵团4军任军长，参加解放大西北的最后一个大仗——兰州战役。4军是第一野战军的主力之一。我赶到前线时，部队初战失利，战况十分严峻。为了坚决完成攻克敌人号称“兰州锁钥”的沈家岭阵地的艰巨任务，军党委调整部署，将原担任预备队任务的第11师31团作为主攻团。该团团长就是王学礼。他已经从一个放羊娃成为一个呱呱叫的指挥员。一晃分别几年，我多想很快见到他，但是，紧张的战前准备工作使我无法脱身。于是，我就与他在电话里相邀在兰州城里见面，请他吃兰州的特产白兰瓜。8月25日，一场异常激烈的鏖战在兰州城下展开。王学礼不负重望，带领全团指战员浴血奋战，在友邻部队的支援下，迅速攻占沈家岭，第一个在敌防御阵地打开缺口，突破敌人防线，并打退敌人的多次反扑。在战斗的关键阶段，他们得到第10师30团的有力支援，将解放兰州的“锁钥”牢牢掌握在我军手中，为夺取兰州战役的胜利再建奇功。可是，在战斗即将取得最后胜利的时刻，王学礼不幸光荣牺牲，用鲜血映红了兰州“八·二六”解放的曙光……

著名军旅作家张俊彪在纪实文学《鏖兵西北》一书中，关于沈家岭战斗后，彭德怀司令员与王学礼烈士遗体告别的情景，有这样一段感人至深、催人泪下的叙述——

兰州城西，黄河南面，华林山半腰间，有一片广阔荒芜的坡地，约百余亩。清洗整容后的数千具烈士遗体，排列安放在这片坡地里。

初秋的微风，萧萧地吹过，树木荒草发出阵阵窸窸窣窣的声响，仿佛在呜咽，在哭泣……

彭德怀是骑马上山的。他一排一排地看着这片默默无语的指战员的遗体，仿佛每次出征前检阅着绿色的方阵。只是此时此刻，这群可亲可敬的官兵们，再也站立不起来了。

他默默地走着，挨个儿的看着。晶莹的泪珠，在他那从来没有过泪水的眼眶里滚动着，最后，滔滔涌流出来，无声地扑落在他脚下的草丛里，很快沁入黄土中。

无名的草，在风中唱着挽歌。

七色的花，在泪中默默致哀。

彭德怀走到战士老王的遗体前，拣起摆放在他胸前七尺白布上的破碎胡琴，凝视许久，又轻轻放回原处。

紧挨着老王停放的是小李。彭德怀弯下腰，大手轻轻地抚摸着小战士的发际和额头。也许，他感到了一种冰凉。他大手抖动着，浑身也在痉挛，一颗露珠一般的东西，滚落在小战士那圆圆的脸上。

他很费力气地站直了腰身，猛然眼前什么东西一闪，又使得他身不由己地连打了几个寒颤。他拖着沉重的脚步走到另一排被白布覆盖着的勇士的行列里，在一具短小的躯体前停了下来。他深深弯下腰去，伸出一只颤抖的大手，从冷风掀起布角的地方拿起一把金灿灿的黄铜号，久久抚摸着。

他的眼前，浮现出了急行军途中的那一幕……

“李小虎，还是一个天真的孩子……可是，战争……”

最后，他又来到王学礼的遗体前，来到长柱的遗体前，站了很久很久。

“彭总，入城仪式马上就要开始了，你还是先下山吧！”一位兵团干部不知啥时来到他身边，轻声提醒着他。

彭德怀这才从悲痛中清醒过来。他揉了揉湿润的眼眶，慢慢转过身来，对站在身后的几位兵团首长说：“一定要在这儿立上碑子，建立一座像样的烈士陵园，好让这些指战员们死后有个歇脚的地方。要让后人记住，他们是为兰州的解放、是为大西北的解放而牺牲的。”

彭德怀说完，又面对遗体，深深鞠了一躬，这才翻身上马，朝着山下缓缓走去。

当年，王学礼率第1野战军第2兵团第4军11师31团准备兰州战役的时候，还接到了上级首长贺晋年托人捎来的问候信。贺晋年与王学礼在一起战斗多年，彼此建立了深厚的兄弟般的革命情谊。王学礼的第一个孩子王进贤在延安出生的时候，还是贺晋年起的名字。以后，他们两人经常互致问候，关心对方的生活与工作。王学礼牺牲后，贺晋年多次撰文回忆，并关心王学礼家属的生活。

本书主编和作者于2018年夏天在陕西神木采访，王学礼烈士的儿子王进贤出示了有关贺晋年撰写的回忆王学礼烈士的文章和有关的照片。在王进贤家，作者还见到了一条特殊的毛巾被的照片。

——那是在扶眉战役后，王学礼把部队从战场上带下来休整。第2天，在第1野战军4军军部医院工作的妻子苏维仁带着年幼的大女儿来看望王学礼。正坐在老乡家里炕头上办公的王学礼，听到通信员报告说苏维仁来了，赶紧下炕穿鞋迎出门外。大女儿张开双臂扑上前来，王学礼弯下腰抱起女儿，紧紧地搂在怀里，把女儿白嫩的脸蛋紧贴在自己的脸上亲热。女儿撒娇地叫起来，说："爸爸的胡子扎人，爸爸，我疼我疼！"在连续几天的紧张战斗后，王学礼忙得连胡子也没有来得及刮，眼睛里也布满血丝，看上去十分地疲惫。

采访王进贤

苏维仁看到丈夫憔悴的样子，心痛得眼里蓄满了泪水。王学礼看见妻子两眼闪着晶莹的泪花，站在原地久久注视着自己，就抱着女儿走上前去，安慰地说："我们打了个大胜仗，你该高兴才对呀！”苏维仁没说什么，只是把王学礼上上下下地看了好一阵，才柔声细语地问道：“这次战斗你没挂花？”王学礼说：“没有呀，嗨！敌人的子弹怕我，一见我就往旁边溜。”苏维仁依偎在丈夫的身边，她克制不住的泪花溢出了眼眶，扑簌簌落下来。王学礼收敛住笑容，拍了拍妻子的肩，缓缓地说：“这十多年来的战斗中，我们牺牲了多少好同志呀！想起牺牲的同志，我的心里就难过。可是，全国还没有解放，我们还不能过安稳的日子，要时刻准备着战斗和流血牺牲。”说着，王学礼一面把妻子招呼进屋里，一面说：“这次扶眉战役打得异常激烈，有2个警卫员都为保护我牺牲了。”苏维仁默默地坐在炕沿上，王学礼接着说：“我已经通知有关部门，妥善安葬警卫员，并告诉政治处查一下，他们家中的父母亲是否还有儿女养老。如果没有，等全国解放了，我们就把他们的老人供养起来。”苏维仁听了，赞同地点点头，说：“我支持你！”

王学礼和苏维仁相聚才两三天，部队就要奉命出发，他们又要匆匆分手了。

临别的那天晚上，王学礼借着淡淡的小油灯，拿来毛巾被说：“这条毛巾被是从胡宗南军队逃跑时丢弃的物资中缴获的，上级看我拖儿带女的，发给我使用，现在就给你和女儿留下吧。”苏维仁接过毛巾被，轻轻地抚摸着，然后又塞进王学礼的行李中，说：“你要行军打仗，现在天气这么热，你更需要毛巾被呀。”王学礼还是坚持要留给苏维仁和孩子。苏维仁也坚持非要王学礼带走毛巾被不可。王学礼假装生气了，把毛巾被硬塞在妻子手里，说：“你现在身怀有孕，比我更需要它。我要去上前线，不能在身边照顾你，你自己多保重。记住，一定要照顾好自己和孩子，要是你们有个三长两短，我在前方打仗也不会放心的。”苏维仁深情地望着王学礼,知道劝说已不顶用了。

夜里,王学礼睡熟了,苏维仁又悄悄地把毛巾被装进王学礼的行李中。

第二天,部队要出发了,王学礼紧紧地握着苏维仁的手,深情地亲了一下妻子怀抱中的女儿,便骑上战马出发了。苏维仁目送王学礼带部队走远了,才回到屋内收拾东西,却发现那条毛巾被叠得整整齐齐放在炕头上。苏维仁立刻放下女儿,拿起毛巾被冲出屋外,跑到村头,可是,早已看不见部队了,只有影影绰绰的灰尘在远处漂浮。苏维仁一步一回头地回到屋里,在炕上铺开毛巾被,仔细抚摸着印染着一支红梅花的乳黄色的毛巾被……

苏维仁和王学礼,也应该说是一见钟情。当年在抗日根据地的偏关县人民政府操场上,她与年仅 21 岁的王学礼相识,1938 年结婚。

多年来,虽然说夫妻俩聚少离多,但王学礼始终像关心小妹妹一样爱护着苏维仁,支持她学文化,鼓励她干好革命工作。俩人相濡以沫,在革命和战争中互相鼓励、互相支持,共同进步。当初,苏维仁的名字是叫苏爱香,与王学礼结婚的时候,正值革命根据地到处成立苏维埃政府,苏维仁当时又恰好在苏维埃政府工作,于是王学礼就给新婚的妻子改名,叫"苏维仁",这不仅表达了王学礼对苏维仁深深的爱,更表明了两人坚定的革命信念。每当王学礼去执行战斗任务时,苏维仁都要为丈夫整理行装,依依不舍地送行。苏维仁全力支持丈夫的工作,几次生孩子,她都是一个人操持,从不给王学礼和组织上提出需要照顾的要求。就在解放军挺进兰州之前,为了不使王学礼分心,专心带好部队,苏维仁没有去部队看望王学礼,她把丈夫的事业同祖国的解放联系在一起,默默地承担着家庭的重担。

在兰州战役的前夕，王学礼利用行军的间隙，给在军部医院临近分娩的苏维仁写过一封充满深情的家信。信中说："……我们南征北战十几年，就是为了打倒蒋介石，解放全中国，这一天就要盼来了。我们现在训练很忙，要集中一切力量消灭马匪军，解放大西北。我不能来看你，望你注意身体，带好孩子，让我们在胜利的时候再相会。那时，我们的第三个孩子一定出世了，他们将是新中国第一代最幸福的人。让我们举起双手迎接祖国的新生吧。祝你和孩子们健康快乐……"

这封信的原件，在全国解放后作为革命历史文物，现珍藏于中国军事博物馆。

王学礼写给苏维仁的这封信，辗转千里，在他们小女儿满月后，才由组织交给了苏维仁同志。苏维仁捧着这磨损的书信，看着她熟悉的遒劲笔迹，抑制不住内心的悲伤，止不住的泪水滴落在信纸上……兰州解放后，苏维仁日夜盼着王学礼的消息，多么希望丈夫早点回来看看刚出生的小女儿，但是苏维仁万万没有想到，王学礼会在兰州解放的胜利时刻离开了她和孩子们……王学礼在兰州战役中壮烈牺牲的时候，他们最小的女儿，才刚刚出生 10 天。

2001 年 7 月 31 日，陕西的《三秦都市报》刊登一篇专访原第 1 野战军留守处第 4 卫生所护士长徐萍的文章。据徐萍回忆：1948 年秋天，解放战争将要取得最后胜利，解放军第 1 野战军一部分征战在内蒙古、晋西北的战场上，而部队里有 50 多名孕妇需要转移到安全的地方待产，年仅 21 岁的护士长徐萍奉命承担了这项特殊任务。她和部队的 4 名护士及 10 余个勤杂人员带领 50 名孕妇，从晋西北前线向陕西后方转移。一

首位『战地婴儿』找到了

苏泾铭自述身世

本报讯 （记者 张毅伟 实习生 石小娥）“战地婴儿”找到了!昨天，北京读者苏泾铭给本报记者打来长途电话，讲述了她1949年8月在泾阳出生的经历及父亲为解放兰州光荣牺牲的故事。

《北京青年报》刊登了寻找战地婴儿的报道及本报热线后，北京读者苏泾铭与本报记者取得了联系，她告诉记者，她是1949年8月16日在母亲转战到陕西泾阳一老乡家中出生的，当时父亲王学礼、母亲苏维仁都在一野四军工作，父亲王学礼时任32团团长，在1949年8月兰州解放战役中不幸牺牲，是兰州战役中牺牲的我军最高将领，兰州市政府曾为王学礼烈士修建了纪念亭。苏泾铭出生的第9天，王学礼团长就光荣牺牲了，她没有见过亲生父亲。母亲苏维仁为了让她永远铭记自己出生在转战途中的陕西泾阳，特意为她取名“苏泾铭”。据苏泾铭讲述，苏维仁老人生产后，曾到兰州工作，1952年调到南京工作，1959年调到北京57中学工作，现在已78岁，离休在家。苏泾铭出生后一直跟着母亲转战南北，先后在南京、北京上学，1965年参军，1969年转业到北京半导体器械二厂，后来到北大学习半导体专业，现在北京一新闻单位工作。她9岁时曾到陕西神木为父亲扫过墓，她最大的遗憾是一直未能去过父亲战斗并牺牲的地方——兰州，亲自到父亲王学礼的纪念亭前，祭扫父亲的衣冢。

《寻找战地婴儿》相关报道

三秦都市报2001年8月8日头版——《寻找战地婴儿》相关报道

路上她们想方设法，克服常人难以想象的困难，经过15天的长途跋涉，胜利到达目的地——陕西泾阳永乐店镇猴子头村。后来，徐萍和这些孕妇们历尽艰辛，在战地接生了一个又一个婴儿……多少年过去了，徐萍还一直牵挂着当年那些特殊战友和出生婴儿的命运，希望通过媒体寻找战地婴儿。于是，在《三秦都市报》的倡议下，《北京晚报》《沈阳晚报》《钱江晚报》《兰州晚报》共同携手寻找当年的“战地婴儿”。经过媒体和各界人士的积极响应、寻找，王学礼烈士和苏维仁的小女儿苏泾铭成为第一个寻找到的“战地婴儿”。

苏维仁是山西偏关县西沟村人，出生于一户靠挖煤维持生活的贫寒人家。1937年10月，苏维仁参加山西牺牲救国同盟会①，协同革命同志组织偏关县抗日救国会，积极宣传抗日、组织妇女支援前线，慰问八路军和抗日战士。1938年春，在根据地苏维埃政府工作的苏维仁加入中国共产党，同年秋参加八路军120师，在警备第6团任宣传员、文书、战士、司药等。她随部队转战南北、火线宣传、战地救护，在腥风血雨中奔波，在枪林弹雨中奋斗，救护了许多伤病员，也抢救过无数将士的生命。

王学礼牺牲后，苏维仁强忍着失去挚爱亲人的悲痛，安葬好王学礼烈士后，随军工作，直至全国解放。

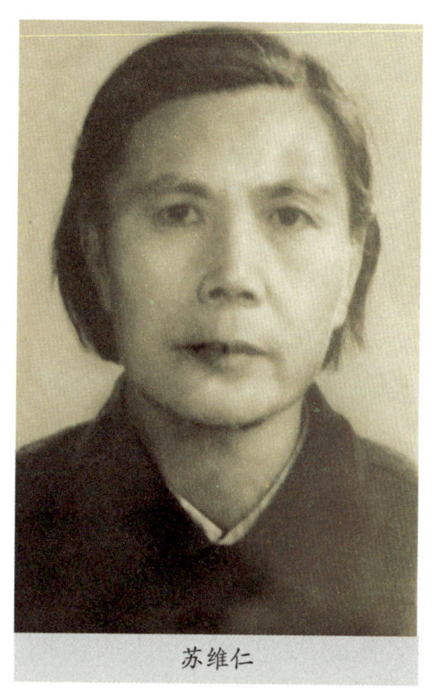
苏维仁

1956 年，苏维仁转业到地方工作，先在南京市公安局做人事工作，1959 年调北京市中小学从事人事工作和党务工作，1983 年从北京市第 57 中学支部书记岗位上离休。20 多年的教育生涯，在园丁岗位上，苏维仁勤勤恳恳地工作，培育了一批又一批青年学生，可谓桃李满天下。晚年的苏维仁，依然关心妇女工作和积极参与关心少年儿童工作。2015 年，北京市妇女联合会赠予苏维仁一面写着“巾帼英雄老妇救会主任，为了民族解放投身抗敌”的锦旗，表彰她为民族解放和妇女工作作出的特殊贡献。现今 95 岁高龄的苏维仁，只要听见有人提起王学礼，依然会情不自禁地激动起来……

注释：

①山西牺牲救国同盟会（简称牺盟会）于 1936 年 9 月 18 日在太原成立。牺盟会在国民师范举办各种抗日训练班，并成立了山西新军的第一支部队——山西青年抗敌决死队。牺盟会和山西新军迅速发展壮大，在山西以至华北的抗日斗争中创造了光荣的业绩。

尾　声

1949 年 10 月下旬，第 1 野战军 4 军授予王学礼“人民英雄”的荣誉称号，并制作一面锦旗送给其家属。

王学礼的家乡神木县人民为了告慰烈士的英魂，表达对人民英雄王学礼的敬意，委托其亲属把王学礼的忠骨运回家乡安葬。

1949 年 12 月初，兰州人民千方百计购置了最好的柏木棺材，将安葬在华林山的王学礼烈士忠骨，从兰州用汽车运到西安后，由王学礼烈士的两个叔伯兄弟王学均、王学斌又用骡马车运送了两个多月，于1950 年 2 月运回神木县(现神木市)王家庄。烈士的遗体经过的地方，当地政府和群众沿途祭奠，在交通不便、道路难行的地方，当地政府组织人力抬棺送行。

王学礼烈士纪念碑

当王学礼烈士的遗体回归故里的那天，神木县政府的领导和数千名群众，在沿途数十里迎接家乡人民的好儿子王学礼回到生他养他的土地上长眠。王学礼安葬在王家庄东南方向三四里的家族墓地里，神木县政府召开了隆重的追悼会，并拨专款于 1950 年 11 月 7 日刻碑以资纪念。

1956 年筹建的兰州市烈士陵园东侧，甘肃省人民政府为王学礼烈士建立了雄伟庄严的烈士纪念亭，树碑立传，以世世代代纪念他在兰州战役中建立的不朽功勋。在 2 米多高的青石碑上镌刻着王学礼的生平事迹。

1982 年 10 月，彭德怀夫人浦安修带着彭德怀的遗愿，专程来到兰州烈士陵园，向人民英雄纪念碑和王学礼烈士纪念亭敬献了花圈，缅怀兰州战役中牺牲的烈士们。

2018 年 5 月，本书主编和作者专程去神木市采访、祭拜王学礼烈士，来到于 2017 年 4 月新修的王学礼烈士陵墓。整个墓地在青松翠柏的护卫下，显得庄严肃穆，高大的陵墓牌坊的两侧，有神木县人民政府和王学礼身前所在部队所立的大理石碑。其中王学礼烈士生前部队所立的石碑镌刻了王学礼的生平和所获得荣誉称号；神木县政府所立的石碑正面是“人民英雄王学礼烈士千古”11 个鎏金大字，背面刻有王学礼的生平简介。

2017 年 4 月，新修的王学礼烈士陵墓

兰州战役是西北战场规模最大、战斗最激烈的一次大兵团城市攻坚战。敌我双方投入兵力之多，战斗之激烈，付出代价之惨重，是解放大西北的最后一次战略决

战。而有“兰州锁钥”之称的沈家岭,在解放兰州战役中起了最关键的作用,牺牲也最为壮烈。2013年2月,习近平总书记视察兰州军区时,指出“要发扬红色资源优势,深入进行党史军史和优良传统教育,把‘红色基因’一代代传下去”。为了修复保护利用沈家岭战斗遗址,进一步弘扬革命精神、传承先烈遗志、使红色基因代代相传,2015年3月,兰州市七里河区委区政府在魏岭乡沈家岭村建立了“红色教育基地”。其中,“红色文化”广场成为广大干部群众开展“一月一主题”活动的重要文化场所;沿着当年人民解放军攻打沈家岭的方向,建成的“红色文化长廊”,以大型组图的形式展现了沈家岭战斗的主要经过以及包括王学礼在内的主要英烈事迹;“陈列室”里收藏着40多件由当地老百姓和区委党史办捐献的战场遗物;新建的大型沙盘模型宏观地展示出当年两军对垒的兵力部署情况。当我们站在位于第一道战壕旁的“犄钥亭”时,不仅可以清楚地看到脚下的沈家岭和对面狗牙山互为犄角的地形特征,还可以直观地感受到被称为“兰州锁钥”的沈家岭阵地扼守两条公路,固锁黄河铁桥,直捣兰州西关的独特军事价值。当年解放军浴血奋战、炮火连天的场景便一幕幕浮现于眼前,耳畔仿佛传来震耳欲聋的枪炮声,解放军指战员奋勇的拼杀声……

王学礼和无数革命先烈,为了新中国的诞生和民族的解放事业,抛头颅、洒热血,英勇地献出了青春年华,乃至宝贵生命,为我们留下了可歌可泣的红色记忆!

附　录

王学礼烈士生平大事年表

1916 年 10 月 11 日，王学礼出生于陕西省神木县南乡王家庄一户贫苦农民家庭。

1926 年,10 岁的王学礼入村办公立小学读书。

1930 年春天,王学礼考入盘塘高小(府谷县完小)。5 月,秘密加入中国共产主义青年团。

1931 年 9 月,王学礼转到神木县沙峁镇第 3 高小读书。

1932 年春,国民党政府查封沙峁镇第 3 高小,王学礼返乡务农,在当地开展宣传革命、组织群众的活动。

1933 年 2 月,由贾怀智介绍,王学礼在王家庄加入中国共产党。

1934 年 2 月,王学礼参加中国工农红军陕北游击队第 3 支队(简称红 3 支队)。同年秋天，组织上选送王学礼到陕北特委党团员训练班学习。

1935 年 1 月，王学礼任中国工农红军第 27 军 84 师 1 团少年先锋连政治指导员。10 月,王学礼任红 15 军团 81 师(原红 27 军)241 团 2 营教导员。

1936年2月,王学礼随部队参加东征、西征。同年底,王学礼升任红81师241团政委。

1937年1月，组织选派王学礼到中国人民抗日军事政治大学第2期学习。11月,王学礼以优秀成绩结业,调任八路军留守兵团第120师警备第6团政治处主任。

1938年4月,王学礼与苏维仁在山西岢岚县结成恩爱夫妻。同年5月,王学礼被组织选派回延安学习。12月,王学礼调任八路军留守兵团第120师警备第1团政治处组织股长。

1939年夏,王学礼调任八路军留守兵团警备第1团2营教导员。

1941年秋,王学礼到延安八路军留守兵团军政研究班学习,参加全党开展的整风运动。

1942年12月,王学礼任陕甘宁晋绥联防军警备第3旅7团2营教导员。

1943年，王学礼任八路军留守兵团第120师暨晋绥军区独立第1旅2团政治处主任。

1945年11月,王学礼调任八路军新11旅第2团政治处主任。

1946年6月，陕甘宁晋绥联防军司令部在南泥湾成立了直属炮兵营,王学礼调任该营政治委员。

1947年10月,王学礼任西北野战军第4纵队警备第3旅5团政治委员。

1948年2月，王学礼任西北野战军第4纵队警备第3旅5团团长兼政委。

1949年2月初，警备第3旅5团改为第1野战军步兵11师第31

团,王学礼任团长。

1949 年 8 月 25 日,王学礼在兰州战役沈家岭战斗中英勇牺牲。

1949 年 10 月,第 1 野战军 4 军授予王学礼“人民英雄”荣誉称号。

1950 年 2 月,神木人民为了告慰烈士的英魂,表达对烈士的敬意,委托烈士亲属把他的忠骨运回家乡安葬。

1952 年始建并于 1959 年国庆节开放的兰州烈士陵园,甘肃省人民政府为王学礼建立了雄伟庄严的烈士亭,以纪念他在兰州战役中建立的不朽功勋。

【根据《中华英烈网》《神木县大事记》《中国人民解放军第 1 野战军战史》《中国人民解放军步兵第 11 师军战史》及有关书籍报刊文章和王进贤同志口述材料整理】

主要参考书目

眉县文史资料:《扶眉战役回忆录》第 18 集,2017 年。

中共兰州市委党史办公室编:《兰州革命遗址暨开发利用》,2012 年。

《兰州市文史资料选辑》第 10 辑,1988 年。

段明轩编著:《刘志丹烈士陵园碑刻》,文物出版社,1979 年。

中共兰州市七里河区委党史办公室编:《雷坛河的记忆》,甘肃人民出版社,2016年。

兰州部队党史资料征集委员会办公室编:《兰州战役》(革命回忆录),甘肃人民出版社,1983 年。

第一野战军战史编审委员会编:《中国人民解放军第一野战军战史》,解放军出版社,1995 年。

中共中央党史研究室编:《中国共产党历史》第一卷,中共党史出版社,2010 年。

何志瑛、姚毅编著:《黄土英魂》,新疆教育出版社,1990 年。

孙科佳编著:《八路军 120 师征战实录》,湖南人民出版社,1995 年。

张俊彪编著:《鏖兵西北》,解放军出版社,1989 年。

许福芦编著:《第一野战军征战纪实》,解放军文艺出版社,2007 年。

《兰州解放》(城市解放系列丛书),中国档案出版社,2009 年。

刘立波编著:《国共生死大决战:兰州攻坚战》,军事科学出版社,

2007 年。

第 120 师陕甘宁晋绥联防军抗日战争史编审委员会编:《第 120 师陕甘宁晋绥联防军抗日战争史》,军事科学出版社,1994 年。

萧一平主编:《中国抗日战争全史》,四川人民出版社,2005 年。

宁夏军区政治部编:《壮丽的画卷》(革命回忆录),1989 年。

任学岭编著:《陕甘革命根据地史》,人民出版社,2013 年。

周勇主编:《中国抗战大后方历史》,重庆出版社,2015 年。

中国人民解放军步兵第 11 师军战史编写组编:《中国人民解放军步兵第 11 师军战史》,1987 年。

姚文琦编著:《中国共产党陕西历史》,陕西人民出版社,2009 年。

后　记

2017年，中共兰州市七里河区委党史办公室开始策划编写一本反映王学礼烈士英雄事迹的人物传记。2018年4月，在《王学礼传》编委会的领导下，主编和作者积极筹备，收集资料，沿着王学礼烈士当年生活和战斗的足迹，先后到西安、榆林、神木等地考察和采访，拜谒了王学礼烈士的墓地，与陕西有关党史、民政部门的同志座谈，采访当年亲历兰州战役的老首长、老同志，搜集了大量的第一手资料。

经过一系列采访和大量资料的查阅，我们从王学礼烈士当时的年代追溯他的生命历程，客观地还原他在血雨腥风、枪林弹雨中的家国情怀。今天，虽然我们无法与先烈们面对面地对话，也无法请他们将真实发生过的故事悉数道来，但历史是真实存在的，英雄的精神万古长青。于是，我们追寻烈士的遗迹，用对历史的虔诚之心和对英雄的敬仰之情，捡拾一页页历史的记忆。然后，把王学礼烈士的一生放在中国革命历史和人民军队发展的大背景下，用我们的真情把这些珍贵的记忆碎片缝合起来，形成并向广大读者展示出英雄壮丽的人生画卷。

在本书编写过程中，得到了省、市党史研究室领导和相关专家刘正平、毕燕成及原兰州军区军史编研室主任李敏杰同志的大力指导和帮助；在资料及历史事件的搜集与整理中，得到了沈家岭战斗的亲历者何志瑛、陈明德等老首长、老同志,王学礼烈士子女,兰州战役纪念馆馆长瓮志义同志及区委档案馆的大力支持。在此,谨向支持本书编纂出版的各位领导和为本书出版付出辛勤劳动的单位及个人表示衷心感谢!

因时隔久远,离王学礼烈士牺牲已有70年的时间,对烈士生活和战斗的见证者大都已去世,接受采访的亲历者、老首长都已年迈,回忆事件受到局限,加之资料收集困难,编者水平有限,文中出现的疏漏、缺点和不足在所难免,敬请专家、学者和广大读者批评指正。

编者

2018年11月18日